Holger Lundt
Im Garten der Nymphen

Holger Lundt

Im Garten der Nymphen

Kleine Mythologie der Pflanzen

Artemis & Winkler

Bildnachweis:
Die schwarz-weiß abgedruckten Pflanzendarstellungen stammen aus
botanischen Fachbüchern des 16.–18. Jahrhunderts

Bibliografische Information der Deutschen Nationalbibliothek
Die Deutsche Nationalbibliothek verzeichnet diese Publikation
in der Deutschen Nationalbibliografie;
detaillierte bibliografische Daten sind im Internet
über http://dnb.d-nb.de abrufbar.

© Bibliographisches Institut GmbH,
Dudenstraße 6, 68167 Mannheim, 2012
Artemis & Winkler Verlag, Mannheim
Alle Rechte vorbehalten.
Umschlagmotiv: © akg-images/British Library: Vergissmeinnicht
Umschlaggestaltung: init . Büro für Gestaltung, Bielefeld
Druckerei: Druckerei Theiss GmbH,
Am Gewerbepark 14, A-9431 St. Stefan im Lavanttal
Printed in Austria
ISBN 978-3-411-16005-1
www.artemisundwinkler.de

Inhalt

	Einführung	9
1	*Io, Geliebte des Zeus* Levkoje und Veilchen	13
2	*Die Prophetinnen von Dodona* Eiche	17
3	*Die Hyaden, die Ammen des Dionysos* Wein	19
4	*Syrinx und die Flöte des Pan* Schilf	22
5	*Artemis und ihre Nymphen* Nelke, Beifuß und Wermut, Strohblume, Mastix-Strauch, Oregano	24
6	*Die Verführung des Hylas* Frauenhaar-Farn	29
7	*Herakles verschmäht eine Nymphe* Seerose	31
8	*Smilax und Krokos* Stechwinde und Krokus	33
9	*Echo und Narkissos* Narzisse	36
10	*Der Duft der Minthe* Minze	39
11	*Chloris und die Schöpfung der Rose* Rose	41
12	*Anemone wird zur Blume des Windes* Anemone	45

13	*Apollo und die Orakel-Nymphen* Lorbeer und Tamariske	47
14	*Die Eifersucht der Klythie* Rosmarin und Sonnenröschen	51
15	*Noch mehr Geliebte des Apollo* Lotus-Pflaume, Pappel, Korkeiche und Akanthus	54
16	*Die drei Grazien* Veilchen, Hyazinthe, Tulpe, Lilie und Rose	57
17	*Die Muse Klio und ihr Sohn Hyakinthos* Hyazinthe und Zypresse	61
18	*Nymphentanz und Sternenstaub* Gänseblümchen und Aster	64
19	*Pomona, die Hüterin der Obstgärten* Obstbäume	67
20	*Myrsine, die schöne Athletin* Myrte	69
21	*Die Hamadryaden, Beschützerinnen der Bäume* Feige, Walnuss, Eiche, Kornelkirsche, Maulbeerbaum, Pappel, Wein und Ulme	71
22	*Die Trauer der Heliaden* Schwarzpappel	76
23	*Leuke, die weiße Nymphe* Silberpappel und Eisenhut	78
24	*Adonis und der Kuss der Aphrodite* Myrrhen-Baum, Adonisröschen, Mohn und Rose	81
25	*Die goldenen Äpfel der Hesperiden* Apfelbaum	85
26	*Philyra, Mutter des weisen Chiron* Linde, Alant, Flockenblume, Schafgarbe und Pfingstrose	87
27	*Kissos tanzt in den Tod* Efeu	92

28	*Nana und die blutrote Frucht* Granatapfelbaum, Mandelbaum, Eiche und Pinie	94
29	*Der lüsterne Orchis* Knabenkraut	98
30	*Oinone, Paris und die schöne Helena –* *eine Liebestragödie* Alant und Herbst-Adonis	100
31	*Der Baum der Athene* Olivenbaum	104
32	*Helike und die Quelle der Inspiration* Weide	107
33	*Die Amazone und das Kraut des Todes* Petersilie	110
34	*Demeter: Nicht ohne meine Tochter* Weizen, Mohn, Hyazinthe und Narzisse	113
35	*Im Duftgarten der Aphrodite* Rose, Myrte und Quitte, Stern-von-Bethlehem, Lichtnelke, Seifenkraut und Wasserminze, Weihrauchbaum, Myrrhen-Baum und Mastix-Strauch	117
	Namen der Nymphen und ihre Pflanzen	123
	Literaturhinweise/Quellen	126

Einführung

> Wo jetzt nur, wie unsre Weisen sagen,
> Seelenlos ein Feuerball sich dreht,
> Lenkte damals seinen goldnen Wagen
> Helios in stiller Majestät.
> Diese Höhen füllten Oreaden,
> Eine Dryas lebt' in jenem Baum.
> Aus den Urnen lieblicher Najaden
> Sprang der Ströme Silberschaum.
> Friedrich Schiller, aus:
> Die Götter Griechenlands

Schade! Wir können sie nicht mehr fragen, die Zeitgenossen des Herrn Schiller, ob ihnen all die Namen, mit denen der Dichter so selbstverständlich wie effektvoll klingelt, wirklich so selbstverständlich waren? Auch für Schiller war diese Welt bereits längst versunken, und bei aller Griechenland- oder Antike-Begeisterung der Klassiker: Die griechischen Götter waren tot und die Naturgeister aus der Welt dieser Mythen waren nicht mehr präsent im Bewusstsein der Menschen.

Und heute? Helios, der Sonnengott, dürfte vielleicht noch bekannt sein. Aber die Oreaden, Dryaden und Najaden? Ins geheimnisvolle, bisweilen gefährliche Reich dieser Wesen wollen die folgenden Seiten den Leser locken, ihn mitnehmen auf einen Spaziergang durch den Garten der Mythologie. Und ihm zeigen und erklären, was links und rechts vom Weg – im Garten wie in der freien Natur – blüht und welche Geschichte sich hinter manchem Pflanzennamen verbirgt.

Die »diese Höhen« füllenden Oreaden waren Bergnymphen, ihre Schwestern, die Dryaden, bewohnten die Bäume, die Najaden dagegen Quellen und andere Gewässer. Bleiben noch die Nereiden und Okeaniden, die Nymphen der Meere. Wir sehen, was uns heute so fern erscheint, war für die Griechen ganz nah, rundum war die Natur beseelt, und göttliche Wesen thronten keinesfalls nur auf dem fernen Gipfel des Olymp. Wie kam es zu diesen Vorstellungen?

Auf einer frühen Entwicklungsstufe fühlten sich die Menschen nicht nur von kriegerischen Artgenossen und wilden Tieren bedroht, sondern auch von unerklärlichen Naturphänomenen wie Sturm, Blitz und Donner. Wie konnte man diese Elemente besänftigen und wohlwollend stimmen? Der erste Schritt war, sich das bedrohliche Gegenüber anzuverwandeln. Denn wenn sich hinter dem äußeren Erscheinungsbild ein menschenähnliches Wesen verbarg, galt es nur noch, eine passende Form der Kommunikation aufzubauen: Beschwörungen, Opfer, Geschenke und Versprechungen … Ähnliche Vorstellungen sind in fast allen Naturreligionen anzutreffen. Vermutlich ist dies auch der Ursprung dessen, was Religionswissenschaftler später unter den Stichwörtern Animismus, Animatismus und Pantheismus fassten: Die Welt um mich ist beseelt, auch ein Berg oder ein Bach ist ein Lebewesen, in allem wirken göttliche Kräfte. Bald rankten sich Legenden um Naturphänomene und ihre Namen. Typisch für die griechische Mythologie ist nun, dass Götter und Menschen sich begegnen, vereinen und gemeinsame Nachkommen zeugen können. Und zwischen der göttlichen und der menschlichen Sphäre gibt es noch viele Zwischenwesen, zu denen Halbgötter, Dämonen, aber auch die Nymphen zählen.

Nymphen sind eindeutig weibliche, menschengestaltige Naturgeister. Das griechische Wort ›nýmphē‹ bedeutet ursprünglich ›junge Frau‹ oder ›Braut‹, aber auch ›Knospe‹. In diesem Sinne verwendet Homer das Wort, allerdings beschreibt auch er schon Nymphen als Göttinnen der freien Natur, die überall in Wald und Flur das blühende Leben verkörpern.

Trotz ihres göttlichen Ursprungs sind sie nicht unsterblich, oft treten sie in Gruppen auf und besitzen gar keine Eigennamen, so folgen sie – oft im Reigentanz – den Göttern Artemis, Hermes, Dionysos und Pan. Ein beliebtes Vasenmotiv sind Nymphen, denen die lüsternen Satyrn nachstellen. Von den Nymphen geht eine geheimnisvoll erotische Magie aus. Sowohl Götter als auch Menschen begehren sie. Dabei können sie keusch und unnahbar sein (vor allem im Gefolge der Artemis), aber auch gefährlich und verführerisch die Menschen in ihren Bann schlagen und ihnen sogar den Tod bringen, beispielsweise bei der Entführung des Hylas durch Najaden, die ihn ins Wasser locken und ertränken.

Die Nymphen im Gefolge der Götter und Göttinnen lebten in heiligen Hainen, von den Menschen verehrten Tabuzonen, in denen jegliche Nutzung der Natur verboten war. Bei Verletzung dieses Tabus, wie etwa durch Fällen heiliger Bäume oder Jagen der Tiere, erfolgte schwerste Strafe durch die Götter. Diese Haine waren wohl die ersten »Naturschutzgebiete« der Kulturgeschichte.

Literarisch verewigt hat vor allem Ovid die Nymphen

durch sein Hauptwerk »Metamorphosen«. Oft entkommen sie einer Verfolgung oder einer tragischen Liebessituation nur, indem die Götter sie verwandeln, in Gewässer, Sterne und eben in sehr vielen Fällen in Pflanzen ...

In den Himmel versetzt und dadurch unsterblich geworden, sind die Plejaden und die Hyaden (»Regenbringenden«), die als Sternbilder den Wandel der Jahreszeiten verkünden. Wenn im Mai die Hyaden aus dem Himmelsrund verschwinden, lassen die Stürme nach, und die Seefahrer konnten beruhigter aufs Meer hinausfahren.

Viele Nymphen-Legenden thematisieren besondere Eigenschaften der nach ihnen benannten Pflanzen: aphrodisierende oder anaphrodisierende Wirkungen, Heilkräfte ...; halluzinogene Kräfte werden beispielsweise dem Lorbeer zugeschrieben, der für das berühmte Orakel von Delphi von Bedeutung war und durch die Nymphe Daphne personifiziert wurde.

Was bedeutet es, wenn gerade heute wieder Feenwesen, Elfen und Nymphen in unzähligen Fantasy-Filmen und Büchern auferstehen? Millionen Leser begegnen ihnen in Tolkiens »Herr der Ringe« oder bei James M. Barries »Peter Pan«. Es scheint, als provoziere geradezu unsere durch und durch rational organisierte, weitestgehend ›entzauberte‹ Arbeitswelt die Flucht nach draußen, in den Wald und hin zu geheimnisvoll raunenden Quellen, wo Feen, Elfen und Nymphen zu Hause sind. Und wer weiß, in welche Geschichte wir stolpern, wenn plötzlich ein zartes Nymphengesicht aus einem Blütenkelch auftaucht?

1
Io, Geliebte des Zeus
Levkoje und Veilchen

Personen
Io: Tochter des Flussgottes Inachos
Zeus: Sohn des Kronos und der Rhea, oberster Herrscher der olympischen Götter
Hera: Göttin der Hochzeit und Beschützerin der verheirateten Frauen, Gemahlin des Zeus
Hermes: Sohn des Zeus und der Nymphe Maia, Botschafter der Götter, Gott des Handels, Beschützer der Händler und Herden
Gaia: Verkörperung der Mutter Erde, Gattin und Mutter des Himmelsgottes Uranos

Der Mythos
Zeus verliebt sich eines Tages in die Nymphe Io, die im Gefolge seiner Gattin Hera lebt. Die Begegnung mit Io geschieht bei einem Ausflug zu den Menschen, um mal wieder nach dem Rechten zu sehen. Verkleidet als Schafhirt mit einem Lamm auf dem Arm wandert Zeus umher. Er kommt zufällig zu einem der Hera geweihten Tempel. Dort dient die Nymphe Io als Priesterin der Hera. Hingerissen von ihrer Schönheit kniet Zeus vor ihr nieder und will das Lamm als Opfer bringen. Dann schaut er auf, sie schauen sich in die Augen und der flammenstrahlende Blick des Zeus trifft Io. Obwohl sie bisher alle Männer abgewiesen hatte, entbrennt nun in ihr die Liebe zu Zeus.

Natürlich dauert es nicht lange, bis Hera auch diesen

Seitensprung ihres Gatten entdeckt. Als Hera herbeieilt, um die Beziehung zu Io zu unterbinden, verwandelt Zeus sie im letzten Moment in eine weiße Kuh. Als Hera ihn zur Rede stellt, lügt Zeus: »Ich habe Io niemals angerührt.« Hera erhebt Anspruch auf die weiße Kuh und übergibt sie dem hundertäugigen Riesen Argus. Dieser soll Io bewachen und sie befiehlt ihm: »Binde dieses Tier heimlich in Nemea an einen Ölbaum.« In Nemea bei der Stadt Argos auf dem Peloponnes bindet Argus die weiße Kuh an einen Olivenbaum, der noch heute dort stehen soll. Der Götterbote Hermes und die Erdgöttin Gaia kommen Zeus zu Hilfe. Gaia erschafft eine neue Pflanze als spezielles Futter für Io, die Levkoje. Hermes überlistet und tötet Argus und befreit so die verwandelte Io. Doch Hera bemerkt die Flucht und schickt eine Bremse, die die weiße Kuh verfolgt. Wie vom Wahnsinn getrieben, flüchtet Io zunächst nach Dodona im Nordwesten Griechenlands und dort ans Meer (was dann nach ihr das Ionische genannt wird), dann durch den Balkan. Am Bosporus, der ebenfalls nach ihr benannt wurde (das Wort Bosporus heißt »Rinderfurt«), setzt sie nach Kleinasien über und gelangt schließlich nach Ägypten, wo sie von Zeus rückverwandelt wird. Dort vereinen sich die Liebenden und Io schenkt Zeus einen Sohn, Epaphos, der später König von Ägypten wird.

Noch eine weitere Blume verdanken wir der Nymphe Io. Zeus war so verliebt in Io, dass er sich wünschte, duftende blaue Blumen, nämlich Veilchen, mögen überall dort sprießen, wohin seine Geliebte als Kuh die Hufe setzte. In einer anderen Version lässt Zeus ganze Wiesen voll mit Veilchen entstehen als besondere Weiden für die verwandelte Io.

Die Pflanzen

Das Duft-Veilchen (Viola odorata) gehört zur Familie der Veilchengewächse (Violaceae) und ist ursprünglich im Mittelmeergebiet beheimatet, von wo es vermutlich ab dem 9. Jahrhundert in die mitteleuropäischen Gärten gelangte. Verwandte Arten sind das Hundsveilchen (Viola canina) und das Waldveilchen (Viola silvatica), denen jedoch der typische Duft fehlt.

Im Griechischen heißt das Veilchen Ion. Aus Ion wurde bei den Römern Vion und daraus später im Französischen und Englischen Violette. Wegen des besonderen Duftes war das Veilchen in der Antike als Liebessymbol sehr beliebt (so gelang es sogar dem hässlichen Hephaistos, Aphrodite mit Veilchenduft zu betören). Andererseits war das Veilchen auch eine Totenpflanze, die die Wiederauferstehung und so auch den Frühling symbolisierte.

In der Heilkunde wird Veilchensirup insbesondere als Hustenmittel verwendet, wie schon Leonard Fuchs in seinem Kräuterbuch 1543 berichtet.

Veilchen

Die weißlichgraue Levkoje (Matthiola incana) aus der Familie der Kreuzblütler (Cruciferae) gehört zur wild wachsenden Küstenflora des Mittelmeerraumes. Die Levkoje heißt auch Leukoje, von »leukos« (weiß) und »Ion« (Veilchen), also das weiße Veilchen der Io. Gezüchtete Levkojen in vielen Farben sind heute als stark würzig duftende, zweijährige Gartenblumen sehr beliebt.

Quellen: 37, 34, 29, 22, 32, 17

Levkoje

2
Die Prophetinnen von Dodona
Eiche

Personen
MAIA, TAYGETE und ELEKTRA: Töchter des Atlas und der Nymphe Pleione, zusammen mit ihren Schwestern Alkyone, Kelaino, Sterope und Merope sind sie als Plejaden bekannt.
ZEUS: siehe 1
ORION: Riese und Jäger aus Böotien, Sohn des Poseidon, er wird von Artemis aus Eifersucht auf die in ihn verliebte Eos getötet. Artemis versetzt den toten Orion voller Schmerz an den Sternenhimmel.

Der Mythos
Die Eiche war der Baum des Zeus; um diesen mächtigen Baum ranken sich zahlreiche Nymphen-Mythen. Die der Eiche verbundenen Nymphen hatten einen eigenen Namen, nämlich Dryaden (eine höchst merkwürdige Ähnlichkeit zu den keltischen »Druiden«).

Im Nordwesten Griechenlands im Epirus stand die heilige Eiche von Dodona und diente als ein dem Zeus geweihtes Orakel. Es sind mehrere Nymphen als Priesterinnen dieses Orakels überliefert. Am bekanntesten sind wohl die dem Zeus besonders verbundenen Maia, Taygete und Elektra. Speziell Maia war einst eine der vielen Geliebten des Zeus und wurde so Mutter des Götterboten Hermes. An der heiligen Eiche von Dodona deuteten die Nymphen das Rascheln der Blätter und das Treiben der

Tauben im Baum. Sie verfügten als Priesterinnen sowohl über hellseherische als auch über heilende Kräfte.

Zusammen mit ihren Schwestern Alkyone, Kelaino, Sterope und Merope sind diese Nymphen auch als die Plejaden berühmt geworden. Der Name Plejaden leitet sich von »peleia«, dem griechischen Wort für »Tauben« ab. Als die Plejaden später vom großen Jäger Orion verfolgt wurden, hat Zeus sie nämlich durch die Verwandlung in Tauben gerettet und später in ein Sternbild verwandelt. Orion ereilte das gleiche Schicksal.

Aus einem Stück Holz der Eiche von Dodona ließ Athene einen Balken herstellen, der zum Bau des Schiffes Argo verwendet wurde. So konnte das Orakel die Argonauten auf ihrer Reise vor kommenden Gefahren warnen.

Die Pflanze
Die Gattung Quercus umfasst nicht weniger als 500 Arten von Eichen, von denen ein großer Teil in Europa vom Norden bis zum Mittelmeerraum heimisch ist. Einzelne Exemplare erreichen eine Höhe von bis zu 60 Meter und ein Alter von 1200 Jahren. Eine der verbreitetsten Arten ist die Sommer- oder Stieleiche (Quercus robur). Man glaubt, dass die Eiche von Dodona eine Quercus aegylops oder eine Quercus graeca (griechische Eiche) war.

Neben den Griechen und Römern verehrten auch Kelten und Germanen Eichen in heiligen Hainen. Das Wort »Druide« entwickelte sich aus dem urkeltischen »druuid«, »eichenkundig«.

Bemerkenswert ist die antike Verwendung der Eicheln bestimmter Eichenarten, wie etwa Quercus virgiliana, zum Mahlen von Mehl zum Backen und Kochen von Polenta.

Quellen: 9, 11, 28, 31, 38

3
Die Hyaden, die Ammen des Dionysos
Wein

Personen
HYADEN: Schwestern der Plejaden, also ebenfalls Töchter von Atlas und Pleione
ZEUS: siehe 1
SEMELE: Tochter des Königs Kadmos von Theben
HERA: siehe 1
HERMES: siehe 1
DIONYSOS: Sohn des Zeus und der Königstochter Semele, Gott der Fruchtbarkeit, des Weines und der Ekstase

Der Mythos
Einer der vielen Seitensprünge des Zeus war seine Beziehung zu Semele, der Tochter des Königs Kadmos von Theben. Ohne seine wahre Identität zu offenbaren, schwängert er Semele, und die eifersüchtige Hera erfährt davon. Sie überzeugt Semele, sie solle unbedingt erfragen, wer ihr Liebhaber wirklich sei, es könne ja ein Monster sein. Die Königstochter, inzwischen im sechsten Monat schwanger, besteht bei der nächsten Begegnung mit Zeus darauf, dass er sich ihr in seiner wahren Gestalt offenbaren soll. Zeus schlägt ihr zunächst die Bitte ab, daraufhin versagt sie ihm das Lager. Im Zorn zeigt sich nun Zeus als Blitz und Donner, und Semele wird von einem seiner Blitze erschlagen. Doch er rettet das Kind aus dem Mutterleib und Hermes pflanzt es Zeus in den Schenkel ein.

Nach weiteren drei Monaten wird Dionysos geboren (Dionysos bedeutet: der zweimal Geborene). Zum Schutz vor der weiterhin erbosten Hera verwandelt Zeus seinen Sohn in ein Zicklein und bringt ihn zu den Hyaden auf den Berg Nysa (in anderen Überlieferungen ist auch von Nysiaden die Rede). Sie pflegen den kleinen Dionysos und ziehen ihn auf. Dort auf dem Berg Nysa findet Dionysos die erste Weinrebe und entdeckt die Besonderheit ihrer Früchte. Er presst als Erster den Saft der Rebe und vergärt ihn zu Wein. Er pflanzt weitere Reben für die Menschen und macht sie so erstmals sesshaft, und sie geben ihr Nomadentum auf. Für diese Tat wird Dionysos noch heute wie kein anderer griechischer Gott von den Menschen gefeiert. Dionysos ist der Gott des Weines. Seinen rauschenden Zügen und Festen folgen die Mänaden, Frauen in ekstatischen Tänzen und Gesängen, von denen später noch die Rede sein wird.

Die Hyaden werden schließlich von Zeus für ihre Dienste dadurch belohnt, dass er sie als Sternbild unsterblich macht. Das Erscheinen des Sternbilds der Hyaden im Herbst war besonders für die Seefahrer wichtig, denn es kündigt die Stürme und raue See an.

Ein anderer Mythos besagt, dass Dionysos die von ihm besonders geliebte Nymphe Staphyle nach ihrem Tod dadurch bewahrte, dass er sie in einen Weinstock verwandelte und so dieses Gewächs erschuf.

Die Pflanze
Die Europäische Weinrebe (Vitis vinifera) gehört zur Familie der Vitaceae (Weinrebengewächse). Das ursprüngliche Verbreitungsgebiet der Weinrebe waren vermutlich die Südränder des Schwarzen und des Kaspischen Meeres.

Vom Stamm, der Baumstärke erreichen kann, gehen gewundene, holzige Äste aus, die Reben. An ihnen wachsen herzförmig grob gezähnte Blätter, und im Herbst sind dort die Trauben zu finden, deren Saft, vergoren zu Wein, dieser Pflanze eine herausragende kulturelle Bedeutung verliehen hat. In Griechenland, Italien und Ägypten lässt sich der Weinanbau 4 bis 5 Jahrtausende zurückverfolgen. Heute gibt es mehr als 2000 Rebsorten und Weinbaugebiete auf allen Kontinenten.

Quellen: 4, 6, 9, 20, 32, 28

4
Syrinx und die Flöte des Pan
Schilf

Personen
PAN: Sohn des Götterboten Hermes und einer Nymphe,
Gott der Wälder, Felder und der Fruchtbarkeit
SYRINX: Tochter des Flussgottes Ladon, Nymphe im
Gefolge der Artemis

Der Mythos
Der Überlieferung nach ist Pan als Ziehbruder des Zeus
in der Diktischen Höhle auf Kreta von den Nymphen
Amaltheia, Adrasteia und Io aufgezogen worden. Friedlich, gutmütig und faul, liebt er nichts mehr als seinen ausgiebigen Mittagsschlaf. Wird er dabei gestört, reagiert er mit wütenden Schreien und versetzt so Menschen und Tiere in »panischen« Schrecken. Er streift durch die freie Natur, hilft hin und wieder den Hirten, bewacht Bienenstöcke und feiert mit Bergnymphen. Wie man es von einem Naturgott erwarten kann, spielen seine sexuellen Begierden eine große Rolle. Er verführte zahlreiche Nymphen, unter ihnen auch Echo (bevor sie sich in Narkissos verliebte). Dies gelang ihm trotz seiner unattraktiven Gestalt. Er wird als dicklich und mit Hörnern und Ziegenohren dargestellt. Sein Unterleib ist von Ziegenfell bewachsen und er hat Ziegenhufe statt Füße.

Eines Tages entdeckt Pan auf einem seiner Streifzüge die schöne Najade Syrinx in der Nähe des Flusses Ladon, wo sie und ihre Schwestern als Töchter des gleichnamigen

Flussgottes lebten. Syrinx ist eine Anhängerin der Artemis und hat sich wie diese der Keuschheit verschrieben. Als Pan ihr nun folgt und sie bedrängt, flieht sie zum Ufer des Ladon zu ihren Schwestern. Kurz bevor er sie greifen kann, wird sie vor seinen Augen von ihren Schwestern in Schilfrohr verwandelt, das Pan nun in seinen Händen hält. Er schneidet darauf einige Rohre ab und setzt die ungleich langen Stücke mit Hilfe von Bienenwachs zu einer Flöte zusammen, auf der er eine liebliche Melodie spielt. Diese Art von Flöte wurde von den Griechen Syrinx genannt und ist heute als Pan-Flöte berühmt. Ovid beschreibt die Szene:

> Wie dann der Wind, indes der Gott dort seufzte, das Röhricht
> streichend, erzeugt einen Ton von zartem, klagendem Klange,
> und wie der Gott, berückt von der neuen Kunst und der Stimme
> Süße, gerufen: »Dieses Gespräch mit dir wird mir bleiben!«

Die Pflanze
Schilf (Phragmites communis) gehört zur Gattung der Poaceae (Süßgräser). Diese weit verbreitete Pflanze ist an Ufern von Flüssen, Seen und Gräben zu finden und erreicht eine Höhe von 1 bis 4 Meter. Dichte Schilfbestände sind ein wichtiger Nistplatz für zahlreiche Wasservögel. Von Menschen wird Schilf zum Flechten und zum Decken von Dächern benutzt.

Quellen: 23, 25, 29, 32

5
Artemis und ihre Nymphen
Nelke, Beifuß und Wermut, Strohblume, Mastix-Strauch, Oregano

Personen
ARTEMIS: Tochter des Zeus und der Leto, Zwillingsschwester des Apollo, Göttin der Natur und Jagd, der Ernte und der Geburt
ELICHRYSE: Nymphe im Gefolge der Artemis
DIKTYNNA: Nymphe im Gefolge der Artemis, auf Kreta als Göttin verehrt

Der Mythos
Neben Dionysos und Pan verehrten die Griechen auch besonders die weibliche Naturgottheit Artemis. Sie ist die Leitgöttin zahlreicher Nymphen, die sich genau wie Artemis selbst zur lebenslangen Keuschheit verpflichten.

Artemis gilt als Schöpferin der Nelke. Auf dem Rückweg von einer erfolglosen Jagd begegnete sie einem jungen Schäfer, der zuvor auf seiner Schalmei gespielt hatte. Sie gab seiner Musik die Schuld an dem Verschwinden des Wildes und war voller Wut auf ihn. Im Zorn riss sie ihm die Augen aus und warf sie auf die Erde. Schnell bereute sie die scheußliche Tat. Um den treuen Blick des Schäfers zu bewahren, verwandelte sie die Augen in rote Nelken.

Doch die wichtigsten heiligen Pflanzen der Artemis gehören der nach ihr benannten Gattung Artemisia an, vor allem Wermut und Beifuß. In ihnen offenbart sich Artemis nicht als grausame Jagdgöttin, sondern als Heilende und

Schutzgöttin der Frauen. Diese Pflanzen wurden schon sehr früh in der Antike bei Frauenleiden genutzt. Zur Erleichterung von Geburten und Harmonisierung der Regel wurde Beifuß verwendet. Wermut wurde unter anderem als menstruationsauslösendes Mittel verwendet.

Zu Ehren der Artemis soll erstmals die Nymphe Elichryse einen Kranz mit Gold- oder Strohblume geflochten haben, mit dem sie das Haupt der Göttin schmückte. Später wurde die Pflanze auch Elichryson genannt. Dank der extrem langen Haltbarkeit der schönen Blüten (daher wird sie auch Immortelle genannt) ist die Verwendung für Blumenkränze ideal. Plinius berichtet, dass der ägyptische König Ptolemäus die Götterbilder mit sorgfältig geflochtenen Kränzen aus Helichrysum schmückte.

Die Nymphen der Artemis, insbesondere Diktynna (andere Namen waren Britomatis oder Aphaia), schmückten sich mit den Zweigen des Mastixbaumes. Später wurde Diktynna von Artemis zu einer Göttin gemacht, die auf dem kretischen Diktegebirge lebte, wo ihre vornehmste Aufgabe darin bestand, für die Menschen Gesetze zu erlassen (daher das Wort »diktieren«).

Die heilige Pflanze der Diktynna war das Kreta-Oregano (Origanum dictamnus), das von den Kretern und bis heute als Heilpflanze für zahlreiche Krankheiten, Verletzungen und zur Erleichterung von Geburten verwendet wird. Oregano schätzen die Griechen auch als Duftkraut (»oros ganos« heißt: Bergwonne); Aphrodite soll die Pflanze als Symbol der Freude geschaffen haben. Wohl wegen dieser Verbindung wird Oregano auf Kreta auch »Erondas« genannt, das heißt »Liebespflanze«.

Laut Catull war der mit Oregano eng verwandte Majoran die heilige Pflanze des Aphrodite-Sohnes Hymen:

Eingeborener am Helikon,
Holder Sprössling Uranias (Aphrodites Name
　als Himmelsgöttin),
Der du sanft in des Mannes Arm
Das aufblühende Mädchen ziehst.
Heil dir, mächtiger Hymen!

Komm die Blüte des lieblichen
Majorans um die Stirn,
In der linken den strahlenden
Hochzeitsschleier, den weißen Fuß
In der goldenen Sandale.

Die Pflanzen
Die Gattung Nelke (Dianthus) gehört zu der Familie der Nelkengewächse. Schon der Name »Dianthus« (griechisch: »Di«: Zeus und »anthos«: Blume) deutet auf die besondere Vorliebe für diese im Mittelmeerraum wild wachsende Pflanze bereits in der Antike. Heute finden wir diese Staude in zahlreichen Züchtungen als Gartenpflanze (Dianthus caryophyllus). Die Blätter sind blaugrün und die würzig duftenden Blüten haben zahlreiche Farbvarianten von weiß über hellrosa bis dunkelrot. Von den 120 Nelkenarten sind 65 in Griechenland heimisch (20 davon endemisch).

　Wermut (Artemisia absinthium) und Beifuß (Artemisia vulgaris) gehören zur Gattung Artemisia. Wermut ist eine besonders aromatisch duftende Pflanze, die mit silbergrau behaarten Blättern und gelben Blüten bis zu 1 Meter hoch wird. Besonders berühmt sind die magenfreundliche und verdauungsfördernde Wirkung des Wermut und seine Verwendung zum Würzen von Wein. Beifuß hat dunkelgrüne, auf der Unterseite behaarte Blätter und rötliche Röhrenblüten und wird bis zu 2 Meter hoch. Beide Pflanzen galten als besonders wirksame Mittel bei Frauenleiden. Ebenfalls bemerkenswert ist die Gewinnung eines hochwirksamen Anti-Malaria-Medikaments aus Artemisia annua. So gewinnt eine der ältesten Heilpflanzen eine ganz neue Aktualität.

Der Name der Gattung Strohblume, nämlich »Helichrysum«, hergeleitet von »helios«, Sonne, und »chrysos«, Gold, bezieht sich auf die auffallend goldgelben Blüten dieser Pflanze. In Griechenland und Italien sind besonders die Arten Schopflavendel-Immortelle (Helichrysum stoechas) und Italiensche Immortelle (Helichrysum italicum) zu finden. Strohblumen werden gern als Trockenblumen verwendet.

Der Mastix-Strauch (Pistacia lentiscus) gehört zur Familie der Anacardiengewächse (Anacardiaceae) und ist ein immergrüner Strauch, der typisch ist für die mediterrane Macchia. Er wird 2–4 Meter hoch und hat leicht ge-

Gartennelke

krümmt nach unten hängende Zweige. Besonders auf der griechischen Insel Chios wird Mastix kultiviert. Man gewinnt dort von dem Strauch das Mastix-Harz, das als Räucherwerk schon in der Antike sehr beliebt war.

Oregano (Origanum vulgare, deutsch auch Dost oder wilder Majoran genannt) gehört zu der Familie der Lippenblütler (Labiatae). Diese 40–70 cm hohe Pflanze zeichnet sich durch ihren stark würzigen Duft aus. Seine ätherischen Öle regen Magen und Galle an und haben cholesterinsenkende Wirkung. Darüber hinaus sollen sie schmerzlindernd wirken. Dem kretischen Oregano (Oreganum dictamnus) wird eine starke wundheilende Wirkung nachgesagt, Aphrodite soll damit die Wunden des troischen Helden Äneas geheilt haben.

Oregano-Blätter dürfen als Gewürz der mediterranen Küche auf keiner neapolitanischen Pizza fehlen.

Quellen: 5, 12, 14, 21, 22, 28, 31, 35

Strohblume

6
Die Verführung des Hylas
Frauenhaar-Farn

Personen
EPHYDATIA: Die Najade eines Teichs
HYLAS: Schildknappe und Geliebter des Herakles
HERAKLES: Sohn des Zeus und der Alkmene, bekanntester Held der griechischen Mythologie, meisterte die ihm gestellten »Zwölf Aufgaben des Herakles«
POLYPHEMOS: Sohn des Arkaders Elatos und der Nymphe Thoosa, Begleiter des Herakles auf der Reise der Argonauten

Der Mythos
Hylas war der Schildknappe, treue Diener und Liebling des Herakles und begleitete ihn zusammen mit vielen anderen Helden auf der Argonautenfahrt, um das Goldene Vlies in ihren Besitz zu bringen.

Nach einer Tagesetappe ankerte die Argo eines Abends in Mysien an der Mündung des Flusses Chios. Herakles streifte durch den nahe gelegenen Wald auf der Suche nach einem Baum, aus dem er ein neues Ruder fertigen wollte. Seinen Knappen und Geliebten Hylas (ja, Herakles interessierte sich für beide Geschlechter) hatte er Wasser holen geschickt beim nahe gelegen Teich von Pegai. Als Hylas nach etwa zwei Stunden immer noch nicht zurückgekehrt war, macht sich Herakles Sorgen. Zusammen mit Polyphemos begann er ihn zu suchen. Mit den Rufen

»Hylas! Hylas!« lief er durch den Wald. Schließlich traf er auf Polyphemos, der berichtete: »Ich hörte die Hilferufe des Hylas und lief seiner Stimme nach. Aber als ich nach Pegai kam, fand ich kein Zeichen eines Kampfes mit wilden Tieren oder anderen Feinden. Nur sein Wasserkrug lag verlassen am Ufer des Teiches.«

Die Najaden Ephydatia und ihre Schwestern waren von der Schönheit des Hylas betört. Aus Verlangen nach ihm lockten sie ihn in ihren Teich und zogen ihn dort in die Tiefe ihrer Unterwassergrotte.

Die besondere Pflanze dieser Najaden war der Frauenhaar-Farn, der an den Steinen rund um ihren Quellteich wuchs. Frauenhaar-Farn wurde in der Antike als Mittel zur Förderung des Haarwuchses und zum Färben der Haare verwendet. Vermutlich verlieh er dem Haar eine besondere Schönheit, die unwiderstehlich und verführerisch machte, so wie Ephydatia und ihre Schwestern.

Die Pflanze

Die Gattung der Frauenhaar-Farne umfasst etwa 200 Arten. In Europa ist das Frauenhaar (Adianthum capillus veneris) weit verbreitet. Der lateinische Name enthält eine eindeutig erotische Anspielung (»Venushaar«). In der Tat zeichnet sich diese anmutige Pflanze durch seine sehr zarten Blattwedel aus. Man findet das Frauenhaar oft auf feuchten Kalkfelsen, wo ständig Wasser herabtropft, also an Brunnenwänden oder in feuchten Grotten und an schattigen Tümpeln.

Quellen: 5, 28, 32

7
Herakles verschmäht eine Nymphe
Seerose

Personen
EINE NAJADE: Nymphe der Seen, Flüsse und Teiche
HERAKLES: siehe 6

Der Mythos
Die Najaden sind allerdings auch selbst Opfer unglücklicher Liebesbeziehungen geworden. Plinius der Ältere erwähnt in seiner »Naturalis Historia« eine Nymphe, die sich in Herakles verliebt, der sie jedoch verschmäht (es ist nicht überliefert, ob er sich in der Zeit mehr für Hylas interessierte). In ihrem Liebeskummer siecht die Nymphe dahin und wird schließlich von den Göttern in eine wunderschöne Seerose verwandelt. Diese unerfüllte Liebe zu Herakles ist wohl der Grund, warum die Griechen die Seerose »Herakleios« nannten.

Möglicherweise ist der Liebesverzicht des Herakles auch eine Metapher für die anaphrodisierende Wirkung, die man der Seerosenwurzel zusprach. Daher wurde sie im Mittelalter Mönchen empfohlen, um sexuelle Begierden zu unterdrücken. In Frankreich galt die Seerose als Symbol für Impotenz. Über einen nicht mehr zur Liebe fähigen Mann sagte man: »Er hat vom Wasser der Seerose getrunken.« Nach Plinius verhindert der Genuss der Seerose »wollustige Träume« und »hebt den Geschlechtstrieb für 40 Tage auf«. Noch stärker soll diese Wirkung sein, wenn der Wurzelsaft »auf die Geschlechtsteile gestrichen wird«.

In der nordischen Mythologie gibt es eine ähnliche Legende, der zufolge die Seerose durch die Verwandlung einer Nixe entstanden sei. Fortan wird diese Pflanze von einem Nix bewacht, der all jene, die sich ihr in der Absicht nähern, sie zu pflücken, in die Tiefe zieht und ertränkt. Auch glaubte man, dass um Mitternacht die Nixen auf den Seerosen tanzen.

Die Pflanze
Die Seerose gehört zur Familie der Nymphaeaceae (Seerosengewächse) und ist in ganz Europa verbreitet. Als Wasserpflanze findet man sie in Seen, Tümpeln und Flussarmen. Sie hat von allen einheimischen Pflanzen die größte Blüte (bis zu 10 cm Durchmesser), am häufigsten in den Farben Weiß (Nymphea alba) und Rot (var. ruba).

Im antiken Ägypten war die Lotusblume (Nymphea lotus) die wichtigste kultivierte Blume überhaupt, sie war Symbol für Leben, Sterben und Wiederauferstehen. Ihre Blüten waren ein begehrter Kopf- und Haarschmuck und ihr hyazinthähnlicher Duft wurde sehr geschätzt.

Quellen: 28, 31, 33

8
Smilax und Krokos
Stechwinde und Krokus

Personen
SMILAX: eine Nymphe
KROKOS: ein griechischer Jüngling

Der Mythos
So wie der Seerose eine anaphrodisierende Wirkung nachgesagt wurde, so gab es bekanntlich viele Pflanzen, die als erotisches Stimulanz geschätzt wurden. Davon ist besonders die Legende von Smilax und Krokos geprägt. In der bekanntesten Mythenversion liebt der schöne Jüngling Krokos die Nymphe Smilax. Doch diese zeigt sich unbeeindruckt von seinem Werben und weist ihn mehrfach ab. Krokos siecht nun dahin und stirbt schließlich an Liebeskummer. Die Götter waren so beeindruckt von seinem Leiden, dass sie ihn nach seinem Tode in die Blume Krokus verwandelten und Smilax durch die Verwandlung in eine Stechwinde (Smilax) straften.

In einer anderen Variante hat der hartherzige, an Frauen uninteressierte Spartaner Krokos die Liebe der Smilax abgewiesen, die an Kummer starb, und die Götter verwandelten beide in Pflanzen.

Interessanterweise existiert noch eine dritte Variante des Mythos. Demnach gaben sich Smilax und Krokos stürmisch ihrer Liebe hin, doch der Tod ereilte sie und sie wurden in Blumen verwandelt. Diese Version hat wohl ihren Ursprung in der speziell für Frauen damals angenommenen aphrodisierenden Wirkung der Früchte der Smilax-Stechwinde und der ebenfalls für Männer angenommenen potenzsteigernden Wirkung des Safran, der aus dem Safran-Krokus gewonnen wird.

Man glaubte im alten Rom, dass der Safran-Krokus überall dort erblüht, wo einst Juno und Jupiter sich der körperlichen Liebe hingaben und mit ihren Ausdünstungen die Erde befeuchtet und so befruchtet haben. Auch soll sich Zeus mit einer Wolke von Safran parfümiert haben, als er sich in Gestalt eines Stiers der Europa näherte.

Die Stechwinde zählt neben Weinrebe und Efeu zu den heiligen Kräutern des Dionysos, was zusätzlich eine berauschend aphrodisierende Wirkung vermuten lässt.

Die Pflanzen
Die Stechwinde (Smilax aspera) aus der Familie der Smilacaceae ist eine im Mittelmeerraum heimische Kletterpflanze, die Stacheln ausbildet, mit denen sie sich beim

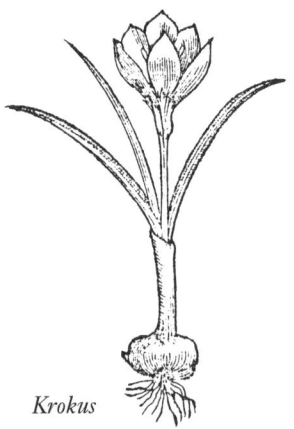

Krokus

Streben nach oben festhält. Sie ist eine häufige Pflanze der mediterranen Macchia, die dieses Gestrüpp vielerorts undurchdringlich macht. Sie hat herzförmige Blätter und die zweihäusigen Blüten bringen rote Beeren hervor.

Der Safran-Krokus (Crocus sativus) gehört zur Familie der Schwertliliengewächse (Iridaceae) und hat seine Heimat im Mittelmeerraum. Im Gegensatz zum Frühlingskrokus (Crocus vernus) blüht er im Herbst mit blauvioletten Blüten. Seit dem Altertum sind die trichterförmigen Narben als teures Gewürz oder als Farb- und Duftstoff extrem begehrt (»Safran macht den Kuchen geel«). Für 1 kg Safran müssen die Narben von 15 000 Pflanzen geerntet werden. Safran als Aphrodisiakum wird in zahlreichen Legenden, aber auch bei Plinius erwähnt.

Quellen: 4, 28, 29, 34

9
Echo und Narkissos
Narzisse

Personen
ECHO: Tochter des Okeanos, lebte am Berg Helikon
NARKISSOS: Sohn des Flussgottes Kephisos und der Nymphe Liriope

Der Mythos
Eine weitere unglückliche Liebe wird in der Geschichte der Echo beschrieben. Die Nymphe Echo, eine der vielen Töchter des Okeanos, gehörte einst zum Gefolge der Hera. Eines Tages hatte Hera entdeckt, dass Echo sie oft mit langem Geschwätz aufgehalten hatte, während Zeus sich mit einigen Nymphen im Gebirge vergnügte. Hera bestrafte sie dadurch, dass sie ihr die Sprache raubte. Lediglich das letzte Wort eines Satzes, der zu ihr gesprochen wurde, konnte sie wiederholen.

Narkissos war der Sohn des Flussgottes Kephisos und der Nymphe Liriope. Ihm war bei der Geburt geweissagt worden, er müsse sterben, wenn er sich selbst erkenne. Narziss wuchs heran und wurde ein besonders schöner Jüngling. Echo entdeckte ihn eines Tages, als er allein durch blühende Wiesen streifte. Es entbrannte in ihr die Liebe, doch ohne Sprache konnte sie ihm ihre Gefühle nicht offenbaren. Wie sehr sehnte sie sich danach, ihn anreden zu können und durch zärtliche Bitten zu rühren! Aber alles, was sie tun konnte, war, seine Laute zu erwidern. Als Narziss merkte, dass ihm jemand folgte, rief er: »Ist jemand hier?« – »Hier!« antwortet Echo. Narziss stutzt, durch den Schein einer Antwort verwirrt, und ruft: »Komm her! Was fliehst du vor mir?« Ebenso viele Worte, wie er gesprochen hat, vernimmt er. Schließlich bestürmt Echo ihn und will ohne Sprache seine Liebe erringen, doch Narziss flieht vor ihr. Aus Kummer zieht sich Echo zurück in die Einsamkeit der Wälder. Sie verweigerte über viele Tage jegliche Nahrung und siechte dahin. Die Götter erbarmten sich ihrer und verwandelten sie schließlich in Stein, erhielten jedoch ihre Stimme, die fortan an besonderen Orten aus Felswänden den Wanderern das letzte gesprochene Wort nachruft.

Auch andere Nymphen versuchten noch die Liebe des Narkissos zu erringen, doch er weist alle ab. Schließlich wird er wegen seiner verachtenden Haltung von den Göttern bestraft. Er kann nur noch sich selbst lieben.

Gelbe Narzisse

An einem Teich auf dem Berg Helikon lässt er sich nieder und verharrt bei der Betrachtung seines schönen Spiegelbildes auf der Wasseroberfläche. Schließlich schwindet auch er dahin und an seiner Stelle wächst die Blume Narzisse.

Die Pflanze
Die Narzisse gehört zur Familie der Amaryllisgewächse. Ihr Verbreitungsgebiet erstreckt sich vom Mittelmeerraum bis nach Ostasien. Die weiße Narzisse (Narcissus poeticus) zeichnet sich durch einen intensiven Duft aus kleinen Blüten aus. Eine deutlich größere Blüte hat die gelbe Narzisse (Narcissus pseudonarcissus). In unseren Gärten sind heute zahlreiche Zuchtformen zu finden. Die Narzissen blühen von April bis Mai und verwelken im Sommer völlig. Im Gegensatz zum Mythos wird angenommen, dass sich der Name Narzisse von *narke* (Betäubung) herleitet, da man ihrem Duft narkotisierende Wirkung nachsagt.
Quellen: 4, 28, 29, 32, 34

10
Der Duft der Minthe
Minze

Personen
MINTHE: Tochter des Unterweltflussgottes Kokytos
HADES: Sohn der Titanen Kronos und Rhea, Gott des Totenreiches und Herrscher der Unterwelt
PERSEPHONE: Tochter des Zeus und der Demeter, wird von Hades in die Unterwelt entführt und lebt dort während der vegetationslosen Zeit als seine Gattin

Der Mythos
Die reizende Nymphe Minthe war geblendet von der strahlenden Schönheit des Hades, dem Gott der Unterwelt mit seinem goldenen Wagen, gezogen von vier Rappen. Hades erwiderte die Liebe, doch ihre Beziehung wurde abrupt durch Persephone unterbrochen, die nach einem Urteil von Zeus die Hälfte des Jahres als Gattin des Hades in der Unterwelt leben musste. In ihrer Eifersucht riss sie zornig Minthe in Stücke und verstreute die Körperteile am Berg Pylos (in einer anderen Variante war es ihre Mutter Demeter). Daraus wuchs dort ein Unkraut. Hades suchte seine Geliebte Minthe und erkannte sie schließlich in dieser Pflanze. Er berührte sie zärtlich mit seinem Penis, worauf sich diese in die stattliche Minze mit ihrem besonders aromatischen Wohlgeruch verwandelte.

Die beiden griechischen Geschichtsschreiber Strabo und Ptolemäus erwähnen einen Berg der Minthe bei Pylos, an dessen Fuß sich ein Tempel des Hades befand.

In der Antike bekränzte sich jeder griechische Bräutigam mit Minze. Als Aphrodisiakum gehört sie daher in den Garten der Aphrodite. Man nannte die Kränze auch *corona veneris*, »Venuskronen«. Es war verboten, während eines Krieges Minze anzubauen, da sie in den Männern die Leidenschaft wecke und sie vom Kampf abhalte.

Als Zeichen der Gastfreundschaft und des Wunsches nach Gesundheit sollen Philemon und Baucis die Tafel mit Minze bekränzt haben, als Zeus sie besuchte.

Die Pflanze
Die Minzen (Mentha ssp.) gehören zur Familie der Lippenblütler (Lamiaceae), sie kommen in den gemäßigten Zonen in Europa, Asien und Nordamerika vor. Die Stauden werden 30–100 cm hoch mit Blüten in den Farben weiß, rosa, rötlich und lila. Ihr charakteristisches Merkmal ist der überaus aromatische Duft der Blätter wegen ihrem sehr hohen Gehalt an ätherischen Ölen. Dies machte die Minzen seit dem Altertum so beliebt und sie wurden als Kulturpflanze angebaut und gezüchtet. Daraus gingen bis heute mehr als 600 Varietäten hervor.

Am bekanntesten ist heute die Pfefferminze (Mentha longifolia var. Piperita), die offenbar erst im 16. Jahrhundert in England gezüchtet wurde. Auch heute sind England und darüber hinaus Marokko Hochburgen des Minzenkonsums. Die Aromapflanze findet besonders als Gewürz und Tee Verwendung. Die Heilwirkung der ätherischen Öle (hauptsächlich Menthol und seine Verbindungen) sind besonders bei Erkrankungen der Atemwege, aber auch bei Muskel- und Nervenschmerzen geschätzt.

Quellen: 4, 8, 28, 31, 34, 35

11
Chloris und die Schöpfung der Rose
Rose

Personen
CHLORIS: Nymphe und Göttin der Blumen, in der römischen Mythologie entspricht ihr Flora
DIE GRAZIEN: Töchter des Zeus und der Nymphe Eurynome, ihre Namen sind Aglaia, Euphrosyne und Thalia, die in der Reihenfolge Glanz, Frohsinn und Charme symbolisieren
ZEPHYR: Sohn des Titanen Astraios und der Göttin der Morgenröte Eos, Verkörperung des regenspendenden Westwinds, Bruder des Nord- und Südwinds (Boreas und Notus)
APHRODITE: Tochter des Zeus und der Dione, Göttin der Liebe, Schönheit und sinnlichen Leidenschaften, die der römischen Venus entspricht
EROS: Sohn der Aphrodite, Liebesgott, der dem römischen Amor entspricht

Der Mythos
Die Nymphe Chloris ist die Göttin der Blumen, bei den Römern wird aus ihr Flora. Sie ist die Personifizierung des Frühlings. Durch ihre Ehe mit Zephyr, dem regenspendenden Gott des Westwinds, ist bestens dafür gesorgt, dass ihren Schützlingen niemals das Lebenselexier ausgeht.

Eines Tages findet Chloris eine wunderschöne Nymphe, die auf unerklärliche Weise zu Tode gekommen war. Um ihr Wesen über den Tod zu bewahren, verwandelt sie diese in eine besondere Blume, die Rose. Aphrodite kommt herbei und schenkt ihr Schönheit, die Grazien Aglaia, Euphrosyne und Thalia fügten noch Glanz, Frohsinn und Charme hinzu. Dionysos versorgt die Rose mit bezauberndem Duft und Zephyr bläst die Wolken davon, damit genügend Sonne die Rosenblüte erreicht.

In einem anderen Mythos heißt es, dass Zephyr auf besondere Weise die Liebe von Chloris zu gewinnen versuchte. Er verwandelt sich in eine wunderschöne Rose, eine Blume, die Chloris noch nicht kennt. Wie erwartet nähert sich Chloris der Rose und ist bezaubert von dem Duft und küsst schließlich zärtlich die Blüte. Das ist der Moment, in dem sich Zephyr zu erkennen gibt …

Minna von Strantz berichtet von einer weiteren Überlieferung: »Flora wird von Amors Pfeil schmerzlich getroffen, dessen Liebe sie zuerst verschmäht, und ist nun in heißer Liebe zu ihm entbrannt, und von ihm gemieden, schuf sie in sehnendem Verlangen die Blume, ›welche lacht und weint und Feud und Schmerz in sich vereint.‹

›Eros!‹, will sie rufen, als die hell leuchtende Liebesblüte ihrer Hand entsprießt, aber jungfräulich schüchtern verschluckt sie die erste Silbe und nur die letzte ›Ros‹ tönt von ihrer Lippe, indem sie zart errötet, und als ›Rose‹ begrüßen alle Blumen des Haines die neugeborene Schwester.«

Wie keine andere Pflanze symbolisierte die Rose in der Antike Liebe und Erotik. Dabei trieben schließlich die Römer diese Rosen-Verehrung auf die Spitze. Rosen wurden bei öffentlichen Zeremonien und Banketten verstreut, Rosenblätter dienten als Kissenfüllung und Zutaten für allerlei Speisen, Menschen trugen Rosenkränze im Haar und Gäste wurden mit Rosenwasser besprüht.

Kaiser Nero ließ bei einer seiner Orgien große Mengen Rosenblätter von der Decke regnen.

Rosenessenzen bildeten die Grundlage von zahlreichen Aphrodisiaka, und Männer behaupteten, der Duft von Rosen erinnere an junge, liebesbereite Frauen. Legendär ist der Empfang, den Kleopatra Marcus Antonius bereitete. Ihr Schlafzimmer war knietief mit Rosenblüten gefüllt, als Antonius eintrat und Kleopatra auf dem Bett liegen sah.

Die überaus große Verehrung der Rose in der Antike wird in der Beschreibung des alexandrinischen Dichters Achilleus Tatios (2. Jh. v. Chr.) deutlich:

»Sie ist die Zierde der Erde, der Stolz des Pflanzenreichs, die Krone der Blumen, der Purpur der Wiesen, der Abglanz des Schönen. Sie ist der Liebe voll, im Dienste

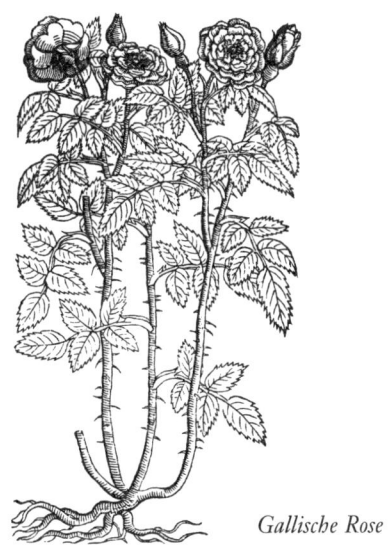

Gallische Rose

der Aphrodite, sie prangt mit duftenden Blättern, wiegt sich auf beweglichem Laub, freut sich des lächelnden Zephyrs.«

Die Pflanze
Die Rose gehört zur Familie der Rosengewächse (Rosaceae). In Mitteleuropa gibt es etwa 20 Wildrosenarten. Hinzu kommen einige Tausend gezüchtete Varietäten, deren älteste Züchtung (vermutlich Rosa centifolia) wohl aus Persien stammt. Zuchtrosen findet man heute in den Gärten und Parks weltweit in den gemäßigten Zonen von bodenbedeckenden Zwergrosen über Strauchrosen bis hin zu 5–10 m hohen Kletterrosen. In einer der häufig verwendeten Klassifizierungen unterscheidet man Teerosen, Bengalrosen, mehrmals blühende Hybriden, Teehybriden, Bourbon-Rosen, Pernettiana-Rosen, Noisette-Rosen, Provinz-Rosen, Damaszener-Rosen, Centifolien, Vielblütige Rosen, Polyantha-Rosen, Kletterrosen und raublättrige Rosen.

Die Blütenblätter der Rose enthalten ätherisches Öl, Gerbstoffe und Glykoside. Das teure Rosenöl ist begehrt als Duftstoff und dient auch als Mittel zur Entspannung, Stimmungsaufhellung und Hautpflege.

Quellen: 2, 4, 12, 22, 28, 34, 37

12
Anemone wird zur Blume des Windes
Anemone

Personen
ANEMONE: Nymphe im Gefolge der Chloris
CHLORIS: siehe 11
ZEPHYR: siehe 11

Der Mythos
Anemone ist eine der Lieblingsnymphen der Chloris, der Königin der Blumen. Zephyr, Gatte der Chloris und Gott des regenbringenden Westwinds, verliebt sich eines Tages in Anemone, die seine Liebe erwidert. Die eifersüchtige Chloris entdeckt den Seitensprung ihres Gatten und verbannt daraufhin Anemone von ihrem Hofe, um sie für Zephyr unerreichbar zu machen. Doch Zephyr verwandelt sie in die Blume Anemone, eine zarte Blume, die sich für immer im Wind wiegt. Daher auch der Name unserer wilden Anemone: Buschwindröschen, das Röschen des Windes.

In einem anderen Mythos sind die Anemonen aus den Tränen der Aphrodite entstanden, die den Tod ihres geliebten Adonis beweinte (wovon später noch die Rede sein wird), während aus dem Blut des Adonis das der Anemone verwandte Adonisröschen entstanden sein soll.

Die Pflanze
Die Anemone gehört zur Familie der Hahnenfußgewächse (Ranunculaceae). Als zarte Frühlingsblumen sind das Le-

berblümchen (Anemone hepatica), das Buschwindröschen (Anemone nemorosa) und die Küchenschelle (Anemone pulsatilla) die in Mitteleuropa bekanntesten wilden Anemonen. Darüber hinaus gibt es eine Reihe verschiedenfarbig blühende Garten-Anemonen (Anemone hortensis).

Quellen: 4, 22, 28

13
Apollo und die Orakel-Nymphen
Lorbeer und Tamariske

Personen
DAPHNE: Tochter des Flussgottes Peneus
MYRIKI: Tochter des zyprischen Königs Cinyras,
Schwester des Adonis
APOLLO: Sohn des Zeus und der Leto, Zwillingsbruder
der Artemis, Gott des Lichts, der Ordnung, der schönen
Künste und der Weissagung

Der Mythos
Während Zeus und Pan für ihre Liebesaffären mit Nymphen bekannt sind, ist Apollo eher unverdächtig. Doch auch er hat wohl in Sachen Liebe keine Gelegenheit ausgelassen …

Nach Ovid ist Apollos erste Liebe die Nymphe Daphne. Doch die schöne Daphne will ihr Leben lang Jungfrau bleiben so wie ihr Vorbild Artemis. Apollo nähert sich ihr, spricht sanft auf sie ein und gesteht ihr seine Liebe. Doch sie flieht vor ihm und er folgt ihr und gemäß Ovid ruft er:

> »Nymphe, ich bitte dich, bleib! Kein Feind ist,
>   der dich verfolgt, o
> bleib, Peneïde! (Peneustochter)
> Du fliehst wie den Wolf das Lamm, wie die
>   Hindin
> flieht vor dem Leu, wie in furchtsamem Flug
>   die Taube den Adler.

> Feinde sind die! Doch mich heißt Liebe
> allein dich verfolgen.«

Doch Daphne eilt weiter weg hin zum Fluss und er folgt mit immer schnellerem Schritt. Kurz bevor er sie erreicht, flehte sie am Ufer des Peneus stehend:

> »Vater … hilf! Wenn Macht einem Flussgott gegeben,
> wandle, verdirb die Gestalt, durch die zu sehr ich gefalle!«

Vor den Augen des Apollo wird darauf aus der schönen Nymphe ein Lorbeerbaum. Apollo umarmt den Baum und hört noch unter der Rinde Daphnes Herz schlagen, aber die Schöne bleibt unerreichbar. Darauf spricht Apollo:

> »Kannst du … nicht mehr die Gattin mir werden,
> sollst mein Baum du doch sein …«

Der Lorbeer bleibt von nun an sein göttlicher Schmuck. Das erste Heiligtum des Apollo, die Orakelstätte von Delphi, war umgeben von einem Lorbeerhain. Über Daphne ist überliefert, sie sei in Delphi die erste Orakelpriesterin der Erdgöttin Gaia gewesen, noch bevor dieses Heiligtum dem Apollo geweiht wurde.

Für das Orakel von Delphi war Lorbeer von großer Bedeutung. Die Orakelpriesterin, die Pythia, versetzte sich durch Kauen von Lorbeerblättern und Inhalieren von Lorbeerrauch in Trance und wurde so zum Medium für Prophezeiungen. Man sprach dem Lorbeer die Wirkung zu, prophetische Träume zu erzeugen. Die Pythia musste daher auf Lorbeerzweigen schlafen. Ein weiterer augurischer Brauch bestand darin, dass man Lorbeerblätter, die viele ätherische Öle enthalten, ins Feuer warf und das mehr oder weniger starke Knistern als Omen deutete.

Der griechische Geschichtsschreiber Diodor berichtet noch eine ganz andere Variante des Daphne-Mythos: Manto, die Tochter des Sehers Teiresias, sei die Geliebte des Apollo gewesen und er machte sie zu seiner Orakelpriesterin. Erst später sei sie, Bezug nehmend auf die Orakeldroge Lorbeer, Daphne genannt worden (Daphne ist der altgriechische Name für Lorbeer).

Eine weitere Orakel-Nymphe ist Myriki, Tochter des zyprischen Königs Kinyras. Sie soll sich in einen Tamarisken-Baum verwandelt haben. Interessanterweise wurde die Tamariske, genau wie der Lorbeer, als eine dem Apollo heilige Pflanze zu Orakeln verwendet.

Auch Schamanen der Meder und Skythen benutzten Tamariskenzweige bei ihren Weissagungen. Die Bibel kennt gleichfalls die Tamariske als »Medium« zur Kontaktaufnahme mit Gott: »Abraham aber pflanzte eine Tamariske in Beerscheba und rief dort den Herrn an unter dem Namen: Gott der Ewige« (Genesis 21,33).

Die Pflanzen
Der Lorbeerbaum der Mittelmeerländer (Laurus nolilis) gehört zur Familie der Lorbeergewächse (Lauraceae) und ist ein kleinwüchsiger Baum mit dunkler Rinde und ungefähr 10 cm langen lanzettförmigen Blättern. Diese Blätter enthalten ein beim Zerreiben frei werdendes ätherisches Öl, das auch in seinen schwarzen Früchten enthalten ist. Neben dem Öl wirken Bitterstoffe ver-

dauungsanregend, weshalb Lorbeer bei Magenschwäche und Magenkrämpfen verwendet wird. Getrocknete Lorbeerblätter werden als Küchengewürz verwendet.

Die Tamariske gehört zu der Gattung der Tamaricaceae. Im Mittelmeerraum findet man im Kiesbett von Flüssen, in Flussnähe oder an Seen zwei Arten: die Gallische und die Afrikanische Tamariske (Tamarix gallica bzw. africana). Weitere Arten kommen in Asien auch in Wüstengebieten vor. Tamarisken haben schöne weiße und rosafarbene Blüten und sind daher auch als Gartenpflanzen beliebt.

Quellen: 9, 28, 29, 31, 38

Lorbeer

14
Die Eifersucht der Klythie
Rosmarin und Sonnenröschen

Personen
LEUKOTHEA und KLYTHIE: Töchter des strengen
Flussgottes Orchamos
APOLLO: Sohn des Zeus und der Leto, Zwillingsbruder
der Artemis, Gott des Lichts, der Ordnung, der schönen
Künste und der Weissagung

Der Mythos
Eines Tages entbrennt Apollo in Liebe zu der Nymphe
Leukothea. Verwandelt in die Gestalt ihrer Mutter, nähert
Apollo sich ihr und ihren Mägden und spricht: »Geheim
ist die Sache. Ihr Mägde geht und beraubt die Mutter der
Freiheit nicht, mit der Tochter vertraulich zu reden.«
Nachdem die Mägde die Kammer verlassen haben, offenbart
sich Apollo, verwandelt sich in seine wahre Gestalt
und wie Ovid berichtet spricht er:

> »Ich bin, der die Länge des Jahres durchmisst,
> bin,
> der da alles sieht, der alles die Erde lässt sehen,
> bin das Auge der Welt. Ich liebe dich. Glaub
> mir!«

Leukothea ist überwältigt von der strahlenden Schönheit
des Apollo und lässt sich verführen.

Doch Leukotheas Schwester Klythie entdeckt das göttliche Rendezvous, und voller Eifersucht verrät sie die Liebenden an den strengen Vater. Dieser tötet Leukothea im Zorn, indem er sie lebendig begräbt. Mit Apollos Hilfe wird die tote Leukothea in einen wunderbar duftenden, grünen Rosmarin verwandelt, der aus dem Grab wächst (bei Ovid ist von Weihrauchbaum die Rede, Rosmarin wurde auch Weihrauchstaude genannt wegen seiner Verwendung als aromatisches Räucherwerk).

Klythie versucht nun die Liebe des Apollo zu gewinnen, doch dieser weist sie ab wegen ihrem schändlichen Verrat. Klythie setzt sich nieder und folgt nun neun Tage lang ohne Speis und Trank mit ihrem Blick dem Lauf der Sonne, dem Urbild des Gottes Apollo. Schließlich erbarmen sich die Götter und verwandeln sie in eine Pflanze, die mit ihrer Blüte täglich der Bahn der Sonne folgt. Unklar ist, welche Pflanze gemeint war, einige meinen, es sei die Wegwarte, wahrscheinlich ist es jedoch das Sonnenröschen (Helianthemum roseum). Die nahe liegende Interpretation, es sei die Sonnenblume, trifft sicher nicht zu, da diese Pflanze erst mit den Spaniern aus der Neuen Welt kam.

Die Pflanzen
Rosmarin gehört zu der Familie der Lippenblütler (Lamiaceae) und ist im Mittelmeerraum heimisch. Der immergrüne Strauch wird bis zu zwei Meter hoch und ist dicht mit schmalen, lederartigen Blättern versehen, die stark aromatisch duften. Der würzige Geruch ist auf ein ätherisches Öl zurückzuführen, das hauptsächlich Terpene enthält. Im Frühjahr bis Sommer blüht der Strauch mit weißlich- bis violett-blauen Blüten. Rosmarin war seit der Antike eine Liebespflanze, die oft als Schmuck von

Braut und Bräutigam bei Hochzeiten, aber auch als Liebeszauber und Liebesorakel verwendet wurde. In der Naturheilkunde wird Rosmarin als verdauungsanregend, harntreibend und menstruationsfördernd geschätzt. Zweifellos am bekanntesten ist jedoch die Verwendung von Rosmarin in der mediterranen Küche.

Die Sonnenröschen (Helianthemun ssp.) gehören zu der Familie der Zistrosengewächse (Cistaceae) und kommen in 80 Arten in ganz Europa, aber bevorzugt rund um das Mittelmeer vor. Diese üppig gelb blühenden Polsterstauden gedeihen an besonders sonnigen Plätzen. Bei Zuchtformen treten auch rosa und rote Blütenfarben auf, die in vielen Steingärten zu finden sind. Die kleinen Blüten folgen in ihrer Ausrichtung dem Lauf der Sonne.

Quellen: 28, 29, 31, 34

15
Noch mehr Geliebte des Apollo
Lotus-Pflaume, Pappel, Korkeiche und Akanthus

Personen
LOTIS: eine Nymphe, Tochter des Poseidon
DRYOPE: eine Nymphe, Tochter des Eurythos, Enkelin des Flussgottes Sperchios
ARIA: eine Nymphe
AKANTHA: eine Nymphe
PRIAPOS: Sohn der Aphrodite und des Dionysos, ein bäuerlicher Fruchtbarkeitsgott, der zumeist mit übergroßen Genitalien dargestellt wird
APOLLO: siehe 13

Der Mythos
Während eines der vielen Trinkgelage der Götter ist die Nymphe Lotis, Tochter des Poseidon, eingeschlafen. Priapos nähert sich ihr mit lüsterner Absicht. Doch der Schrei eines Esels weckt sie im letzten Moment. Sie kann fliehen und wird dem Zugriff des Priapos durch die Verwandlung in einen Lotuspflaumen-Baum entzogen.

Die Nymphe Dryope lebt an den Hängen des Berges Oita im Süden Thessaliens. Eines Tages entdeckt sie dort Apollo, während sie mit anderen Nymphen im Wald spielt. Er verwandelt sich in eine Schildkröte und kann sich so unbeachtet nähern. Durch eine weitere Verwandlung in eine Schlange gelingt es ihm, die anderen Nymphen zu verscheuchen, um mit Dryope ungestört allein zu sein.

Als Ergebnis seiner Verführung gebärt Dryope einen Sohn, nämlich Amphissos. Mit ihrem kleinen Kind auf dem Arm spaziert sie am Ufer eines Sees entlang, genau an der Stelle, wo Lotis verwandelt wurde. Sie pflückt dort für ihr Kind eine Blüte von der Lotuspflaume, die vormals Lotis war. Der Baum beginnt zu bluten, und einige Tropfen fallen auf Dryope. Sie versucht, mit ihrem Kind zu fliehen, doch augenblicklich wachsen Wurzeln an ihren Füßen und sie wird für ihren unbeabsichtigten Frevel in eine Pappel verwandelt. Wie Ovid berichtet, ruft sie mit letzter Kraft verzweifelt:

> »… schuldlos leid' ich die Strafe. …
> **Doch nun nehmt dieses Kind herab aus den Zweigen der Mutter,**
> gebt's einer Amme und sorgt, dass es oft seine Milch unter meinem
> Baum hier trinke und oft unter meinem Baume es spiele.«

Apollo verführt noch eine weitere Nymphe, nämlich Aria, die Nymphe der Korkeiche. Mit ihr zeugt er Mileto, der später der Sage nach die Stadt Milet an der Westküste Kleinasiens gründete, die im 7. und 6. Jahrhundert v. Chr. die bedeutendste Stadt der griechischen Welt wurde.

Auch die Nymphe Akantha wird später von Apollo verfolgt. Schließlich kann Apollo sie erhaschen und nimmt sie in den Arm. Akantha wehrt sich und zerkratzt Apollo das Gesicht. Im gleichen Moment wird sie zu ihrer Errettung in eine Akanthus-Pflanze verwandelt mit ihren stacheligen, kratzenden Blättern.

Die Pflanzen

Die Lotuspflaume (Diospyros lotus) ist ein im Mittelmeerraum beheimateter Baum, der zur Familie der Ebenholzgewächse (Ebenaceae) gehört und ursprünglich aus Asien stammt. Die wohlschmeckenden, 1–2 cm großen Früchte werden bei Vollreife tiefblau bis schwarz.

Die Pappeln (Populus ssp.) gehören zu den Weidengewächsen (Salicaceae). Die Gattung umfasst ungefähr 30 Arten. In Europa sind die häufigsten Arten die Silberpappel (Populus alba), die Schwarzpappel (Populus nigra) und die Pyramidenpappel (Populus nigra var. italica). Diese stattlichen Bäume werden bis zu 30 Meter hoch. Sie wachsen schnell und sind daher als Nutzholzlieferanten begehrt.

Die Korkeiche (Quercus suber) gehört zur Gattung der Eichen und ist im Mittelmeerraum heimisch. Die Besonderheit dieses Baumes ist die dicke Rindenschicht, das Korkkambium. Diese Rinde wird ab einem Alter von etwa 30 Jahren wirtschaftlich genutzt. Sie regeneriert und kann nach weiteren 10 Jahren neu geerntet werden. Dieser Zyklus wiederholt sich bis ins hohe Alter der Bäume.

Der Akanthus (Acanthus mollis) gehört zur Familie der Akanthusgewächse (Acanthaceae) und ist eine kräftige, krautige Dauerpflanze, die etwa 1 Meter hoch wird und in den Wäldern der mediterranen Küstengebiete anzutreffen ist. Charakteristisch sind die großen, länglichen, hängenden Blätter, die unregelmäßig fiederteilig und grob gezähnt sind. Die Blütenkrone ist weiß, rosa oder violett. Die gezackte Blattform des Akanthus ist auf vielen klassischen Skulpturen und Säulen als Ornament zu finden.

Quellen: 9, 10, 28, 29, 30

16

Die drei Grazien
Veilchen, Hyazinthe, Tulpe,
Lilie und Rose

Personen
DIE GRAZIEN: Töchter des Zeus und der Nymphe
Eurynome; Aglaia, Euphrosyne und Thalia symbolisieren
Glanz, Frohsinn und Charme. Sie gehören zum Gefolge
der Aphrodite.
HERAKLES: siehe 6
ZEUS: siehe 1
HERA: siehe 1
ALKMENE: Tochter des Elektryon, König von Mykene,
Gattin des Amphytrion, König von Theben
ATHENE: siehe 20

Der Mythos
Die drei Grazien ließen die ersten Blumen erblühen, als
die Götter gerade die Erde geformt hatten und zwischen
den Felsen der Boden noch unbedeckt war. Im Frühling
schmolz der letzte Schnee, da ließ Thalia neben Gräsern
das erste Veilchen wachsen. Euphrosyne sorgte dafür,
dass auch Hyazinthen aus dem Boden sprossen, die einen
wunderbaren Duft verströmten. In der lauen Frühlings-
luft schufen nun beide zusammen Tulpen und viele andere Frühlingsblumen. Schließlich trat Aglaia hinzu und
brachte Lilie hervor. Euphrosyne und Thalia sahen die
wunderschöne Lilie und stellten ihr eine Schwester zur
Seite, indem sie zuletzt die Rose entstehen ließen.

Die drei Grazien trugen immer eine Rose, eine Myrte und einen Würfel bei sich: die Rose für die Schönheit, die Myrte für die Liebe und den Würfel für ihre harmlose Jugend.

Es waren auch die Grazien, die zusammen mit den Horen, den Nymphen der Jahreszeiten, die nackte, schaumgeborene Aphrodite mit einem Tuch aus Blumen verhüllten, als sie dem Meer entstieg, wie Stasinos in einem Gedicht beschreibt:

> Sie hüllte ihre Blöße in Gewänder,
> die die Horen und Grazien ihr woben
> und die sie ins Meer der Frühjahrsblumen
>   tauchten,
> wie die Horen sie sprießen lassen.
> Krokusse bringen sie hervor,
> Glockenblumen und prächtig blühende Veilchen.
> Rosen mit lieblichen Knospen und dem
> Duft von Nektar,
> wie Ambrosia die Blüten der Narzissen,
> vermischt mit Anemonenkelchen.
> So trug Aphrodite
> Kleider aus dem Duft der Jahreszeiten.

Ein anderer Mythos bringt die Entstehung der Lilien mit Herakles in Verbindung, dem aus einem Seitensprung des Zeus hervorgegangenen Helden.

Wie üblich ist die Gattin des Zeus, Hera, wenig begeistert, zumal man dem Kind noch den Namen »Ruhm der Hera« gegeben hat. Die von Zeus geschwängerte Königstochter Alkmene fürchtet den Zorn der Göttermutter so sehr, dass sie das Baby vor den Toren der Stadt Theben auf steinigem Feld aussetzt. Zu seiner Rettung schickt Zeus Athene in Begleitung der nichts ahnenden Hera dorthin. Das Kind schreit vor Hunger und Athene überredet Hera, den Kleinen schnell mal an ihre Brust zu legen. Die mütterlichen Instinkte sind geweckt und Hera zögert nicht lange. Die List des Zeus geht auf: Der Genuss von Heras Milch verleiht Herakles Unsterblichkeit.

Doch der Bengel saugt mit solcher Kraft, dass Hera ihn voller Schmerzen schnell von der Brust reißt. Im hohen Bogen schießt die Muttermilch nach oben in den Himmel und bildet die Milchstraße. Aber einige Tropfen fallen auch auf die Erde, daraus wachsen strahlend weiße Lilien. Die Weiße Lilie ist die Blume vieler Muttergottheiten, im Christentum ist sie der Maria geweiht. Sie symbolisiert Reinheit, Keuschheit und Hoffnung.

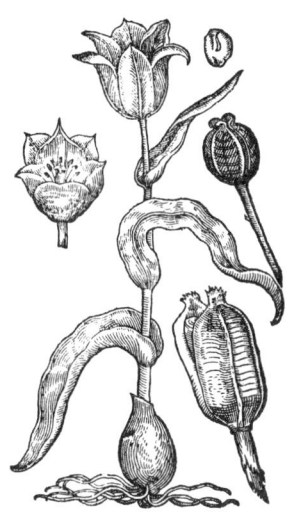

Tulpe

Die Pflanzen

Die Gartentulpe (Tulipa gesneriana) gehört zur Familie der Liliengewächse (Liliaceae). Sie stammt von der wilden Tulpe (Tulipa sylvestris) ab, die im östlichen Mittelmeergebiet vorkommt, und ist im 16. Jahrhundert nach Mitteleuropa gelangt. In Holland werden heute jährlich 3 Milliarden Tulpenzwiebeln produziert: ein wichtiger Wirtschaftsfaktor.

Die Weiße Lilie (Lilium candidum) gehört zur Familie der Liliengewächse (Liliaceae) und kommt in Südosteuropa und im östlichen Mittelmeerraum vor. Ihre bevorzugten Standorte sind sonnige und geschützte Böschungen. Die aus einer Zwiebel wachsende Staude hat große lanzettförmige Grundblätter und kleinere Stängelblätter. Die Blüten sind blendend weiß, groß und trichterförmig. Sie enthalten sechs grellgelbe Staubbeutel. Die Weiße Lilie kann mehr als einen Meter hoch werden und blüht von Juni bis Juli. Eine im Alpenraum vorkommende verwandte Art ist die orangerot blühende Feuerlilie.

Veilchen: siehe 1; Hyazinthe: siehe 17; Rose: siehe 11

Quellen: 4, 18, 22, 24, 28, 32, 34

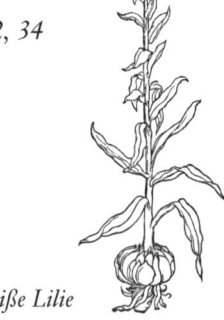

Weiße Lilie

17
Die Muse Klio und ihr Sohn Hyakinthos
Hyazinthe und Zypresse

Personen
DIE MUSEN: Eine Gruppe von Nymphen, die als Schutzgöttinnen der Wissenschaft und Künste fungieren. Klio war die Muse für die Geschichte, Euterpe für die Lyrik, Thalia für die Komödie, Melpomene für die Tragödie, Terpsichore für den Tanz, Erato für die Liebeslyrik, Polyhymnia für den Gesang, Urania für die Sternenkunde und Kalliope für die Epik.
HYAKINTHOS: Sohn der Muse Klio
APOLLO: siehe 13
ZEPHYR: siehe 11
KYPARISSOS: ein von Apollo geliebter Jüngling

Der Mythos
Auf vielen Bildern werden die Musen mit Blumen und Kränzen dargestellt. Besonders das Schicksal Klios ist mit einer Blume verbunden. Sie hatte einen Sohn namens Hyakinthos. Dieser wächst heran und glänzt weithin mit seinen athletischen Leistungen. Sogar Apollo wird auf ihn aufmerksam. Beide schließen Freundschaft und messen oft ihre Kräfte bei sportlichen Wettkämpfen. Dabei kommt es eines Tages zu einem tragischen Sportunfall. Ein von Apollo geworfener Diskus trifft Hyakinthos tödlich am Kopf. Apollo ist bestürzt über den Tod seines Freundes und macht Klios Sohn unsterblich durch die Verwandlung

in eine Blume – aus seinem Blut sprießt die Hyazinthe. Wehklagend spricht Apollo:

> »Du bist mein Schmerz, meine Untat du.
>   Der Tod, er ist meiner
> Rechten zu schreiben zur Last. ...
> wirst, zur Blume geworden, geschrieben
>   tragen mein Seufzen.«

In einer weiteren Variante des Mythos ist es kein Unfall. Der Westwind Zephyr ist eifersüchtig auf Apollo. Er bläst seinen Wind, und der Diskus wird so abgelenkt, dass er Hyakinthos trifft.

Noch einen geliebten Jüngling verwandelt Apollo in eine Pflanze: Kyparissos. Ein heiliger Hirsch war das Lieblingstier dieses jungen Mannes. Der Hirsch war zahm und ließ sich von ihm füttern und mit Blumenkränzen schmücken. Kyparissos konnte sogar auf ihm reiten. Eines Tages hat er ihn unwillentlich mit seinem Speer durchbohrt und getötet. In untröstlicher Trauer siecht er dahin, bis Apollo ihn schließlich in eine Zypresse verwandelt. Wie Ovid berichtet, ruft Apollo zum Abschied ihm nach:

> ... »Von mir wirst beklagt du
> werden, andre beklagen und allen Trauernden
>   beistehn.«

Seither ist die Zypresse als Trauerbaum auf Friedhöfen des Mittelmeerraums zu finden.

Die Pflanzen
Die Hyazinthe (Hyacinthus orientalis) gehört zur Familie der Lililiengewächse (Liliaceae). Die ursprünglich aus

Kleinasien stammende Staude blüht blau und verströmt dabei einen überaus intensiven Duft, dem man sogar eine narkotische Wirkung nachsagt. Moderne Zuchtformen haben auch die Blütenfarben rot, rosa und weiß und werden 20–40 cm hoch.

Die Zypresse (Cupressus sempervirens) gehört zur Familie der Zypressengewächse. Dieser bis zu 30 Meter hohe Nadelbaum ist im gesamten Mittelmeerraum beheimatet. Durch nach oben strebende Äste erhält die Krone die Form eine Spitzkegels und gibt dem Baum vielerorts eine landschaftsprägende Gestalt. Vielerorts wurden Alleen und Friedhöfe mit Zypressen bepflanzt.

Quellen: 4, 9, 22, 29, 34

Hyazinthe

18
Nymphentanz und Sternenstaub
Gänseblümchen und Aster

Personen
BELIDES: eine Nymphe in der römischen Mythologie
ASTERIA: Tochter des Titanen Koios und der Titanin Phoibe, Göttin der Sterne
VERTUMNUS: römischer Gott des Wandels und der Jahreszeiten, später war er als Gatte der Pomona auch ein Schutzgott der Gärten
DEUKALION und PYRRHA: Überlebende der von Zeus gesandten Sintflut, Begründer des Geschlechts der Hellenen
THEMIS: Tochter des Himmels Uranos und der Erde Gaia, Göttin der Gerechtigkeit

Der Mythos
In der römischen Mythologie entstanden Astern und speziell das Gänseblümchen durch eine Verwandlung der Waldnymphe Belides (der Blumenname Bellis leitet sich von Belides her).

Am Rande eines Waldes tanzt Belides zusammen mit anderen Nymphen auf einer Wiese. Der Frühlingsgott Vertumnus sieht und begehrt sie. Er verfolgt Belides, die sich schließlich dadurch vor ihm rettet, indem sie sich in ein Gänseblümchen verwandelt.

Über die Jahrhunderte ist das Gänseblümchen ein Liebesorakel geblieben. Daran erinnert das bekannte Zupf- und Abzählspiel, bei dem die Blütenblätter nacheinander herausgezogen werden: »Sie liebt mich, sie liebt mich nicht, kann gar nicht von mir lassen, ein klein wenig oder gar nicht.« Daher stammt wohl auch der Name »Maßliebchen«, mit ihm kann man »die Liebe messen«.

Die Aster hat ihren Namen der griechischen Sternengöttin Asteria zu verdanken. Asteria half Deukalion und Pyrrha nach der großen Sintflut. Zeus hatte die sündigen Menschen durch eine große Flut gestraft, bei der alle Menschen starben. Lediglich Deukalion und Pyrrha hatte er mittels einer Arche gerettet. Die Erde war nach der Flut öde und düster. Asteria sah, was geschehen war und weinte. Ihre Tränen fielen als Sternenstaub auf die Erde und aus ihnen wuchs die Blume Aster. Das von ihr geschickte Sternenlicht hellte die Erde auf und leitete Deukalion und Pyrrha. Die Arche der beiden Überlebenden landete am Berg Parnassos. Sie stiegen aus der Arche und dankten dem Zeus für ihr Überleben. Dann gingen sie zu einem Heiligtum der Göttin Themis und beteten demütig, dass die Menschheit erneuert werden möge. Und Themis sprach: »Bedeckt eure Häupter und werft die Knochen eurer Mutter hinter euch.«

Deukalion und Pyrrha erkannten nach einigem Überlegen, dass Mutter Erde gemeint war, und warfen Steine hinter sich. Wo die Steine aus Deukalions Würfen niederfielen, entstanden Männer, und wo Pyrrhas Würfe niederfielen, Frauen. Einer der Söhne der beiden Überlebenden war Hellen, und so wurden Deukalion und Pyrrha Stammvater und Urmutter der Hellenen.

Die Pflanzen

Das Gänseblümchen (Bellis perennis) ist fast auf der ganzen Erde verbreitet. Wie der Name »perennis« sagt, handelt es sich um eine Dauerpflanze, die fast das ganze Jahr über blüht. Als Gartenpflanze gibt es viele Varietäten mit weißen, rosa oder purpurroten Blüten.

Sowohl Gänseblümchen als auch Aster gehören zur Familie der Korbblütler (Compositae). Bei der Gattung Aster sind besonders die gelb blühenden Wildarten Bergaster (Aster amellus) und die Alpenaster (Aster alpinus) bekannt, die beide in Bergregionen Europas und Asiens vorkommen. Von der Gartenaster (Aster sinensis), die ursprünglich aus Japan und China kommt, existieren zahlreiche Zuchtformen in vielen verschieden Farben von gelb über rot bis violett und blau.

Quellen: 2, 17, 22, 28, 29, 32, 37

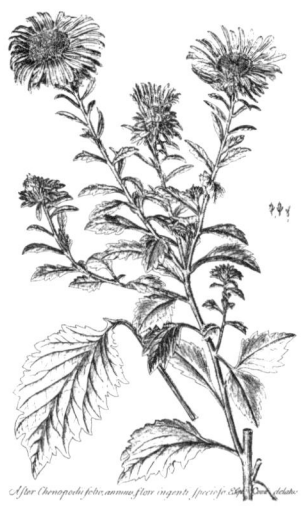

Sommeraster

19
Pomona, die Hüterin der Obstgärten
Obstbäume

Personen
POMONA: Nymphe und Schutzgöttin der Obstbäume
in der römischen Mythologie
VERTUMNUS: siehe 18

Der Mythos
Die Baumnymphe Pomona wird wegen ihrer unbeschreiblichen Schönheit von vielen Männern umworben. Doch sie weist alle ab, und kein Mann hat Zutritt zu ihren heiligen Obsthainen. Schließlich versucht Vertumnus Pomonas Herz zu gewinnen. Er nähert sich Pomona verwandelt als Schnitter, als Winzer, als Krieger und als Fischer, doch jedes Mal weist sie ihn ab. Schließlich verkleidet er sich als ein altes Weib und erscheint in ihrem Garten. Dort bewundert er zunächst ihre Äpfel, doch dann preist er Pomonas Schönheit. Schließlich küsst er sie in einer Weise, dass sie Verdacht schöpft und ihn zunächst abweist. Er verstrickt sie in ein Gespräch und weist sie in einem Gleichnis darauf hin, dass zur vollkommenen Schönheit eines Rebstocks die Trauben gehören und in gleicher Weise zu einer Frau ein Mann. Gemäß Ovid überredet er sie:

> »Bist du weise jedoch, und willst du gut dich
>   vermählen,
> höre hier auf die Alte, die …
> mehr dich liebt, als du ahnst, …

> wähle Vertumnus dir zum Lagergenossen …
> … Er ist sich selbst nicht bekannter
> nämlich als mir.«

Und wenig später fügt er hinzu:

> »Dies, ich bitte, bedenk, meine Liebe,
> lass von der störrigen Spröde, vereine dem
>   Liebenden dich, so
> mögen die werdenden Äpfel dir nicht versengen
>   des Frühlings
> Frost und der raffende Wind dir nicht die
>   blühenden rauben.«

Schließlich offenbart er seine wahre Identität und zeigt sich in seiner jugendlichen Schönheit. Sogleich erwidert sie seine Liebe und wirft sich ihm in die Arme. Seit dieser Zeit haben die Obstgärten zwei Beschützer.

Die Pflanzen
In der Antike wurde Obst als Geschenk der Götter angesehen und daher Obstbäumen große Achtung erwiesen. Die bekannten Obstsorten waren Äpfel, Birnen, Quitten, Feigen, Wein und Pflaumen. Kirschen, Pfirsiche und Aprikosen kamen später aus Kleinasien und dem Orient hinzu. Die einzelnen Arten werden teilweise noch in den nächsten Geschichten behandelt.

Quellen: 9, 29

20
Myrsine, die schöne Athletin
Myrte

Personen
MYRSINE: eine Nymphe
APHRODITE: siehe 12
ATHENE: Tochter des Zeus, Göttin der Weisheit, des Handwerks und des Ackerbaus, Schutzherrin von Athen, ihre Symbole sind die Eule und der Olivenzweig.

Der Mythos
Gleich zwei Göttinnen beanspruchen die Myrte als ihre heilige Pflanze, sowohl Aphrodite als auch Athene. Beide sind der Myrte durch das Schicksal einer Pflanzen-Nymphe verbunden.

Myrsine war eine Nymphe aus Attika, die neben ihrer Schönheit auch berühmt war für ihre athletische Stärke. Bei einem Wettkampf übertraf sie sogar Athene. Diese war deshalb so eifersüchtig auf das schöne, schlanke Mädchen, dass sie Myrsine im Zorn spontan tötete. Erschrocken über ihre eigene Tat verwandelte sie den Leichnam der Nymphe in einen Myrtenbaum, den sie von nun an immer verehrte in Erinnerung an die schöne Myrsine.

In einer zweiten Legende rettet Aphrodite eine ihrer Nymphen vor einem allzu stürmischen Verehrer durch eine Verwandlung in einen Myrtenstrauch.

Bei den Griechen war die Myrte ein Symbol für Liebe und Schönheit und ein bevorzugter Hochzeitsschmuck. Aphrodite entstieg bei ihrer Geburt nackt dem Meer und verbarg sich hinter einem Myrtenstrauch, dem sie sich fortan besonders verbunden fühlte. Bei den Frühjahrsfesten zu Ehren der Göttin bekränzte man sich mit Myrtenzweigen.

Als Hera, Athene und Aphrodite den Hirten Paris darum baten zu urteilen, wer die Schönste sei, trug Aphrodite einen wundervollen Myrtenkranz und versprach Paris heimlich die schöne Helena, was dann bekanntlich sehr weit reichende Konsequenzen hatte.

Das aus den Blättern der Myrte gewonnene Duftöl hatte eine besondere Bedeutung: Myrtennymphen konnten sich dadurch in Trance versetzen und die Zukunft orakeln.

Die Pflanze
Die Myrte (Myrtus communis) ist ein immergrüner Strauch aus der Familie der Myrtengewächse (Myrtaceae), der bis zu 5 Meter hoch wird und im Mittelmeerraum beheimatet ist, ursprünglich wohl aber aus dem arabischen Raum kommt. Die Zweige tragen kleine, lederartig glänzende Blätter. Die weißen Blüten verbreiten einen aromatischen Duft, der von ätherischen Ölen herrührt, die sowohl in der Blüte als auch in den Blättern enthalten sind. Aus Blüten, Blättern und Früchten der Myrte wird ein wunderbar duftendes Öl gewonnen, das seit dem Altertum Grundlage für ein Parfüm bildet (Eau d'Agnes). Bei einer Pflanze, die ein Attribut der Aphrodite ist, wundert es natürlich nicht, dass dieser Duft als starkes Aphrodisiakum gilt.

Quellen: 4, 18, 28, 31, 34

21
Die Hamadryaden, Beschützerinnen der Bäume
Feige, Walnuss, Eiche, Kornelkirsche, Maulbeerbaum, Pappel, Wein und Ulme

Personen
IODAME und CHRYSOPELIA: Dryaden, Nymphen der Eiche
SYKE, KARYA, BALANOS, KRANEIA, MOREA, AIGEIROS, AMPELOS und PTELEA: Hamadryaden, Nymphen der Bäume
ERYSICHTON: Sohn des Triopas, König von Thrakien
DEMETER: Tochter der Titanen Kronos und Rhea, Göttin des Getreides und der Fruchtbarkeit
ARKAS: Sohn der Nymphe Kallisto, Stammvater aller Arkadier

Der Mythos
Die Lebenskraft der Bäume wird durch die Baumnymphen, die Hamadryaden, personifiziert. Diese beschützen die Bäume und zugleich leben und sterben sie mit ihnen. Viele Mythen erzählen vom Schicksal der Hamadryaden, wie etwa die von Erysichton, der eines Tages eine heilige Eiche fällt. Die sterbende Dryade verflucht ihn, und er wird von Demeter für seine Frevel bestraft. Wie Ovid berichtet, befiehlt sie: »Süchtiger Hunger soll ihn verzehren!« Von dem Tag an ist Erysichton mit ewigem Heißhunger geschlagen. Er verschlingt fortan alle Nahrung

und wird dennoch nicht satt. Schließlich zerfleischt er seine eigenen Glieder und findet dadurch den Tod.

In einer weiteren Geschichte sitzt die schöne Dryade Iodame nach einem Sturm neben ihrer entwurzelten Eiche und weint in Erwartung ihres Todes. Zeus eilt herbei und verspricht ihr, das Leben des Baumes und das ihre zu retten, wenn sie ihm den Genuss eines Liebesaktes gewähre. Die Nymphe willigt ein und wird so Mutter der Thebe. Der zufriedene Zeus richtet den Baum wieder auf und befestigt ihn mit frischer Erde.

Einen ähnlichen Hilfsdienst leiste Arkas, Sohn der Nymphe Kallisto und des Zeus. Auch er richtete eine vom Umfallen bedrohte Eiche wieder auf, deren Wurzeln von einem Wildbach unterspült wurden. So rettete er das Leben der Dryade Chrysopelia.

In einer anderen Überlieferung sind die Hamadryaden die Töchter des Waldgottes Oxylos. Ihre Namen sind Syke (Beschützerin der Feige), Karya (Walnuss), Balanos (Eiche), Kraneia (Kornelkirsche), Morea (Maulbeerbaum), Aigeiros (Pappel), Ampelos (Wein) und Ptelea (Ulme).

Über Syke wird auch überliefert, sie sei eine Geliebte des Dionysos gewesen. Nach ihrem Tod habe er sie durch die Verwandlung in einen Feigenbaum unsterblich gemacht. Neben Wein und Efeu war die Feige die besondere Pflanze des Dionysos. Wegen der phallischen Form ihrer Früchte wurde sie für ein Aphrodisiakum gehalten und mit dionysischen Orgien in Verbindung gebracht. In Athen trugen Jungfrauen die reifen Früchte in goldenen Körben zu den Dionysos-Mysterien und es wurde ein Phallus aus Feigenholz als Fruchtbarkeitssymbol dargebracht.

Einer anderen Legende zufolge war die Walnussnymphe Karya die Tochter des lakonischen Königs Dion.

Eines Tages besuchte Dionysos des Königs Hof und verliebte sich in Karya. Ihre Schwestern versuchten, Dionysos fernzuhalten und eine Liebesbeziehung zu verhindern, indem sie das Begehren des Dionysos verrieten. Dieser rächte sich an ihnen und schlug sie mit Wahnsinn. Karya starb aus Gram über das Geschehene und Dionysos verwandelte sie in einen Walnussbaum. Bei den Römern wird später aus Karya die weissagende Nymphe Carmenta. Ihr Orakelbaum war natürlich der Walnussbaum. Sie soll die Schöpferin des lateinischen Alphabets sein.

Aus Walnussholz geschnitzte und später auch aus Stein gefertigte weibliche Stützfiguren wurden als Säulen verwendet und Karyatiden genannt. Die bekanntesten Karyatiden standen auf der Akropolis in Athen.

Die Pflanzen
Die echte Feige (Ficus carica) gehört zur Familie der Maulbeergewächse (Moraceae) und ist eine typische Pflanze des Mittelmeerraums, die ursprünglich aus Westasien stammt. Die Blätter sind tief eingeschnitten, gelappt und haben eine raue Ober- und eine glatte Unterseite. Der Stamm ist nicht sehr hoch, glatt und grau. Das Holz ist weich, biegsam und nicht sehr widerstandsfähig. Die Früchte der heute vorkommenden verschiedenen Zuchtformen sind entweder grün oder violett und wegen ihres süßen und aromatischen Geschmacks begehrte Speisefrüchte, die frisch oder getrocknet verzehrt werden.

Die Walnuss (Juglans regia) gehört zur Familie der Walnussgewächse (Juglandaceae), die etwa 60 Baumarten umfasst. Der Walnussbaum ist im südlichen Teil Europas beheimatet. Veredelte Sorten mit besonders großen Nüssen wurden vermutlich von den Griechen aus Vorderasien nach Europa gebracht. Der Baum wird bis zu 30 Meter hoch und hat unpaarig gefiederte Blätter mit typisch aromatischem Duft. Die Blüten sind unscheinbar grünlich und die Früchte sind zunächst auch von einer grünlichen Schale überzogen, die im reifen Zustand braun wird und die Nüsse freigibt. Neben den Früchten wird auch das schöne, harte Holz für die Möbelschreinerei geschätzt.

Die Kornelkirsche (Cornus mas) ist als Angehörige der Familie der Hartriegelgewächse (Cornaceae) auf den Hügeln und in den Bergwäldern Mittel- und Südeuropas zu finden und heute auch als Gartenpflanze beliebt. Die kleinen Bäume tragen im zeitigen Frühjahr viele Büschel gelber Blüten. Die Frucht, die Kornelkirsche, ist eine elliptische Steinfrucht mit intensiv dunkelroter Farbe. Der Geschmack der Kirsche ist im rohen Zustand sehr sauer. Verarbeitet zur Marmelade tritt ein herbes Aroma hervor.

Kornelkirsche

Die Maulbeerbäume kommen in Europa als zwei Arten vor, nämlich als Schwarzer Maulbeerbaum (Morus nigra) und als Weißer Maulbeerbaum (Morus alba), und gehören zur Familie der Maulbeergewächse (Morceae). Der Schwarze Maulbeerbaum kommt ursprünglich aus Kleinasien und war schon in der Antike als Obstbaum geschätzt. Er hat raue und an der Unterseite behaarte Blätter und schwarze, süße Früchte. Der Weiße Maulbeerbaum wurde aus China eingeführt, wo er eine große Rolle als Futterpflanze für die Seidenraupe spielte.

Die Gattung Ulme mit ihren etwa 16 Arten kommt in den gemäßigten Zonen der Nordhalbkugel vor. Ulmen haben einen geraden Stamm mit brauner Rinde und werden bis zu 40 Meter hoch. Die bekanntesten Arten sind die Bergulme (Ulmus montana), die Feldulme (Ulmus carpinifolia) und die Flatterulme (Ulmus laevis). Die Ulme ist wegen ihres harten und beständigen Holzes geschätzt und wird für Möbel und Holzbauten verwendet.

Eiche: siehe 2; Pappel: siehe 15; Wein: siehe 3

Quellen: 4, 9, 12, 16, 17, 28, 29, 34

22
Die Trauer der Heliaden
Schwarzpappel

Personen
KLYMENE: Tochter der Meeresgöttin Tethys, Gattin des Äthiopierkönigs Merops, Geliebte des Helios
HELIADEN: Töchter des Helios und der Klymene
HELIOS: Sonnengott und Lenker des Sonnenwagens, Sohn der Titanen Hyperion und Theia, Bruder der Mondgöttin Selene und der der Morgenröte, Eos
PHAËTHON: Sohn des Helios und der Klymene

Der Mythos
Der Sonnengott Helios hat mit der Nymphe Klymene fünf Kinder gezeugt, die vier Sonnennymphen Aix, Astris, Lampetia und Phaëthusa, die Heliaden genannt wurden, und einen Sohn, nämlich Phaëthon. Eines Tages wird Phaëthon verhöhnt und seine göttliche Herkunft angezweifelt. Wütend und beleidigt begibt es sich zu seinem Vater Helios. Vor dem strahlenden Thron stehend, verlangt er nach einem Vaterschaftsbeweis. Helios beruhigt ihn und verspricht ihm, jeden beliebigen Wunsch zu erfüllen. Spontan wünscht sich Phaëthon, den göttlichen Sonnenwagen für einen Tag von Sonnenaufgang bis zum Untergang lenken zu dürfen. Helios ist bewusst, dass Zeus verboten hat, Sterbliche den Sonnenwagen führen zu lassen. Er weist seinen Sohn auf die großen Gefahren hin, die damit verbunden sind, die feurigen Himmelsrosse zu lenken und, wie Ovid berichtet, spricht er:

> »Großes verlangst, mein Phaëthon, du, ein
> Geschenk, wie es deinen
> Kräften hier nicht entspricht und den Jahren
> nicht eines Knaben.«

Nach weiterem Drängen gibt er schweren Herzens nach. Nun haben wohl zu allen Zeiten übermütige Söhne manchmal Probleme, wenn sie sich den Wagen des Vaters ausleihen, so auch Phaëthon. Er kann die ungestüm galoppierenden Pferde nicht bezwingen, und der Wagen kommt von der Bahn ab. Der glühende Himmelswagen kommt der Erde so nahe, dass er diese entzündet und riesige Waldbrände entfacht. Nun greift Zeus in das Geschehen ein und erschlägt Phaëthon mit einem Blitz und bringt ihn so zum Absturz. Sein Körper fällt am Fluss Eriadnos (heute: Po) auf die Erde. Seine Schwestern, die Heliaden, und die Mutter Klymene suchen den Leichnam und finden ihn dort schließlich. Die trauernden Schwestern beweinen ihren Bruder, ihre Tränen werden zu Bernstein und sie selbst verwandeln sich in Schwarzpappeln.

Die Pflanze

Die Schwarzpappel (Populus nigra) gehört zur Familie der Weidengewächse (Salicaceae) und ist in Europa und Asien weit verbreitet. Der bis zu 30 Meter hohe Baum wächst bevorzugt in Auwäldern entlang der Flüsse und Seen. Seine schwärzliche Rinde ist von starken Längsrunzeln durchzogen. Die Blätter sind relativ klein und zeigen die Form einer Raute. Aus einer harzigen Ausscheidung an den Knospen wurde früher eine Heilsalbe zur Behandlung von Entzündungen und Verbrennungen hergestellt.

Quellen: 28, 29

23

Leuke, die weiße Nymphe
Silberpappel und Eisenhut

Personen
LEUKE: eine Nymphe
HADES: siehe 10
HERAKLES: siehe 6

Der Mythos
Bei seinen Streifzügen durch die Welt entdeckt der Unterweltgott Hades eines Tages die Nymphe Leuke («die Weiße») und verliebt sich in sie. Kurzerhand entführt er sie in die Unterwelt. Da sie dort als Sterbliche nicht dauerhaft leben kann, verwandelt er sie in eine Silberpappel, die dort als sein Lieblingsbaum im Elysium steht.

Nach einer anderen Überlieferung tötet die eifersüchtige Persephone die schöne Leuke. Hades verwandelt sie in eine weiße Pappel, um seine Geliebte über den Tod hinaus zu bewahren.

Herakles haben wir es zu verdanken, dass die Silberpappel schließlich zu uns in die Oberwelt gelangte. Bei seiner zwölften und wohl schwierigsten Aufgabe musste er den dreiköpfigen Höllenhund Kerberos aus der Unterwelt holen. Kerberos ist der Wächter am Eingang zur Unterwelt am giftigen Fluss Styx. Zunächst will Hades den Kerberos nicht hergeben. Ein gezielter Schuss des Herakles trifft Hades in die Schulter. Voller Schmerz gibt er nun nach und sagt grimmig zu Herakles: »Er soll dein sein, wenn du ihn ohne Gebrauch deiner Keule oder deiner

Pfeile meistern kannst.« In einem harten Kampf gelingt es Herakles dank des Schutzes durch sein Löwenfell und seinen Brustharnisch schließlich, Kerberos so lange zu würgen, bis dieser schließlich aufgibt. Nach seinem Sieg bekränzt sich Herakles mit den Zweigen der Silberweide und schleift Kerberos an das Licht der Oberwelt. Dort jault und bellt der Höllenhund und sein Geifer spritzt auf eine Wiese. Dort, wo er niederfällt, wächst der giftige Eisenhut aus dem Boden. Die Zweige der Silberpappel bilden Stecklinge, aus denen der Baum erstmals im Diesseits wächst. Seine Blätter haben eine helle Ober- und eine dunkle Unterseite, symbolisch für das Diesseits und die Unterwelt. Man sagt auch, die Unterseite sei durch den Schweiß des Herakles hell geworden, als er Kerberos nach oben zerrte.

Die Silberpappel war bei den Griechen ein Friedhofsbaum, der ein Symbol des lichten Todes war, im Gegensatz zur Schwarzpappel, die als Unheil bringend galt.

Die Pflanzen

Die Silberpappel (Populus alba) gehört ebenfalls zur Familie der Weidengewächse (Salicaceae) und ist ein typischer Baum der lichten Auwälder. Der im Mittelmeerraum beheimatete Baum gelangte erst im Mittelalter ins nördliche Europa. Die Silberpappel erreicht frei stehend eine Höhe von 35 Meter und wird bis zu 400 Jahre alt. Ihr namengebendes, charakteristisches Merkmal ist die weiße, etwas filzige Unterseite der oben grünen Blätter. Die Rinde ist bei jungen Bäumen weißlich grau und später dunkelgrau. Das sehr leichte Holz wird zu Sperrholz und Spankörben verarbeitet.

Der Blaue Eisenhut (Aconitum napellus) zählt zur Familie der Hahnenfußgewächse (Ranunculaceae) und ist eine der giftigsten Pflanzen der heimischen Flora mit einer Verbreitung in ganz Europa. Der italienische Dichter Carducci beschreibt sie: »Eisenhut, die blaue Blume, heimtückisch, als ob sie das Gift mit der willentlichen Absicht hervorbringe, die Menschen zu töten.« Die Dauerpflanze mit knolliger Wurzel bildet wenige lange Stängel, an denen sich die charakteristischen blauen Blüten mit ihren helm- oder kapuzenartigen oberen Blütenblättern befinden. Die hochgiftigen Alkaloide des Eisenhuts werden heute für medizinische Zwecke genutzt.

Quellen: 9, 28, 32

Echter Eisenhut

24
Adonis und der Kuss der Aphrodite
Myrrhen-Baum, Adonisröschen,
Mohn und Rose

Personen
MYRRHA: Tochter des König Kinyras, in einigen Überlieferungen heißt sie Smyrna (der gleiche Name in einem anderen griechischen Dialekt).
KINYRAS: König von Zypern
APHRODITE: siehe 11
PERSEPHONE: siehe 10
ADONIS: Sohn der Myrrha und ihres Vaters, König Cinyras

Der Mythos
Die Nymphe Myrrha wurde von ihrem Vater, König Kinyras, als die schönste Frau der Erde gepriesen. Dies erregte den Zorn der Aphrodite. Durch eine List ließ sie es zu einem Inzest zwischen Myrrha und Kinyras kommen. Als der König entdeckte, was geschehen war, wollte er Myrrha mit seinem Schwert töten. Doch die schwangere Myrrha konnte fliehen und wie Ovid berichtet, bat sie die Götter um eine Strafe:

> … »O Götter, wenn jemals, dem der bekennt, das
> Ohr ihr geliehen: ich hab' es verdient und versage der schwersten

Strafe mich nicht; doch damit ich nicht die Lebenden lebend
kränke, die Toten tot, vertreibt mich aus beiden Bereichen,
wandelt meine Gestalt und versagt so Leben wie Tod mir.«

Die Götter erfüllten ihren Wunsch und verwandelten sie in einen Myrrhen-Baum. Dieser Baum gebar nach neun Monaten mit Hilfe von Nymphen einen Knaben, den schönen Adonis. Er wird von Persephone im Hades aufgezogen und schließlich ihr Liebhaber. Doch auch die eifersüchtig gewordene Aphrodite beansprucht ihn für sich. Ein göttliches Gericht entscheidet schließlich, dass Adonis ein Drittel des Jahres bei Persephone und ein weiteres Drittel bei Aphrodite lebt. Die restliche Zeit hat er zur freien Verfügung.

Adonis war ein leidenschaftlicher Jäger. Eines Tages wird er bei der Jagd von einem weidwunden Eber angegriffen und stirbt an den zugezogenen Verletzungen. Aphrodite eilt herbei, doch sie kann ihn nicht mehr retten. Aus ihren Tränen um den Geliebten entstehen Rosen (oder Mohn, das Symbol des rasch vergessenen Liebesleides) und aus dem Blut des Adonis entstehen die blutroten Adonisröschen (in anderen Überlieferungen waren es Anemonen). Aphrodite spricht voller Trauer:

»Von meinem Leid, Adonis, soll Erinnerung bleiben, solange die Welt steht: Ein lebendiges Abbild soll von meinem schweren Kummer und deinem Blut zeugen. Einer Blume will ich dein Blut weihen.« Als sie dieses gesagt hatte, sprenkelte sie Nektar über das Blut, das aufquoll wie Blasen im Wasser. Und noch ehe eine ganze

Stunde um war, fand sie eine Blume von der Farbe des Blutes.

Die weinende Aphrodite bittet Zeus, ihr den Adonis wiederzugeben. Zeus lässt sich erweichen und entscheidet, dass Adonis die Vegetationszeit bei ihr verbringen kann. So wurde der durch einen Kuss der Aphrodite in jedem Frühjahr zum Leben erweckte Adonis zum Sinnbild für den immer wiederkehrenden Frühling. In Byblos, einer alten phönizischen Stadt nahe dem heutigen Beirut, wurden jährliche Frühlingsfeste »Adonia« genannt. Die bei den Adonia gefeierte Wiederauferstehung des Adonis ist eine bemerkenswerte Analogie zum christlichen Osterfest.

Die Pflanzen

Der Myrrhen-Baum (Commiphora abyssinica) gehört zur Familie der Balsambaumgewächse (Burseraceae). Der Baum wird bis zu 10 Meter hoch und kommt in Arabien, Somalia und Äthiopien vor. Durch Einschnitte in die Rinde quillt ein Balsamharz hervor, das nach Verhärten an der Luft geerntet wird. Das »Myrrhe« genannte Harz zählt zusammen mit dem Harz des Weihrauchbaums zu den bedeutendsten Duftstoffen und Räuchersubstanzen mit großer religiöser Bedeutung, wovon später noch genauer die Rede sein wird.

Die Gattung Adonisröschen ist Teil der Familie der Hahnenfußgewächse (Ranunculaceae). Die bekanntesten Arten sind das gelb blühende Frühlings-Adonisröschen (Adonis vernalis) und das im Sommer blühende Feuerrote Adonisröschen (Adonis flammeus). Adonisröschen sind in Mittel-, Ost- und Südosteuropa verbreitet und auf kalkhaltigen, offenen und sonnigen Böden zu finden. Die Pflanzen werden 10–40 cm hoch mit zwei- bis vierfach

fiederschnittigen Blättern und Blüten mit einem Durchmesser von 4–7cm. Wegen ihrer Giftigkeit heißen sie auch Teufelsauge. In der Antike war beispielsweise schon Alexander dem Großen die Heilkraft der Adonisröschen bekannt. Die in ihnen enthaltenen Glykoside werden zur Kräftigung und Regelung des Herzschlags genutzt. Vom Herbst-Adonisröschen (Adonis autumnalis) wird später noch berichtet (siehe 30); Mohn: siehe 34; Rose: siehe 11
Quellen: 5, 10, 14, 21, 26, 28, 29, 32

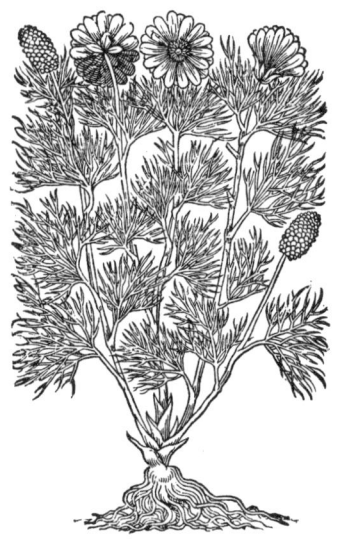

Adonisröschen

25
Die goldenen Äpfel der Hesperiden
Apfelbaum

Personen
HESPERIDEN: Töchter des Atlas und der Hesperis
GAIA, ZEUS, HERA: siehe 1
HERAKLES: siehe 6
NEREUS: Meeresgottheit, Sohn der Mutter Erde Gaia
ATLAS: Sohn des Titanen Iapetos und der Nymphe Klymene, kämpfte mit den Titanen gegen die olympischen Götter und musste zur Strafe das Himmelsgewölbe tragen

Der Mythos
Die Erdgöttin Gaia schenkt Zeus und Hera zur Hochzeit einen Apfelbaum, der goldene Äpfel trägt, die seinem Besitzer Unsterblichkeit verleihen. Unerreichbar für Sterbliche, wird nun dieser Baum von einer Schar Nymphen, den Hesperiden, am äußersten Westrand der Welt im Atlasgebirge gepflegt. Ihre Namen sind Aigle, Eritheia und Hesperia. Als besonderer Schutz wird dieser Obstgarten vom Drachen Ladon bewacht.

Es ist die elfte Aufgabe des Herakles, die goldenen Äpfel in seinen Besitz zu bringen. Zunächst weiß Herakles nicht, wo er diese Äpfel suchen soll. Mit Hilfe von Flussnymphen findet er den orakelsprechenden Seegott Nereus am Fluss Po. Mit Gewalt zwingt er Nereus, ihm zu verraten, wo die Äpfel zu finden sind und wie er sie in seinen Besitz bringen kann. Nereus rät ihm, die Äpfel nicht selbst zu pflücken, sondern dies Atlas tun zu lassen. Als Herakles schließlich beim Garten der Hesperiden ankommt, tötet er den Drachen Ladon mit einem gezielten Pfeilschuss über die Mauer des Gartens hinweg. Da er gewarnt war, selbst den Garten zu betreten, überredet er Atlas, ihm zu helfen. Dafür muss er für kurze Zeit das Himmelsgewölbe tragen. Atlas bringt ihm schließlich drei goldene Äpfel, weigert sich aber, das Himmelsgewölbe wieder zu übernehmen. Herakles bittet ihn, das doch wenigstens für fünf Minuten nochmals zu tun, bis es sich ein Kissen für die Schultern geholt habe. Atlas fällt auf diesen Trick herein und Herakles zieht mit den Äpfeln fröhlich davon.

Die goldenen Äpfel der Unsterblichkeit tauchen in vielen Mythologien auf. In der Welt der nordischen Götter wacht die Göttin Iduna im Garten Asgard über sie. In der keltischen Mythologie wachsen die goldenen Äpfel bei Feen auf der Insel Avalon. Nicht zuletzt in der Bibel finden wir die Äpfel der Erkenntnis in der Genesis.

Die Pflanze
Der Apfelbaum (Malus communis) gehört zur Familie der Rosengewächse (Rosaceae). Der wilde Apfelbaum (Malus sylvestris) wächst in Laubwäldern in ganz Europa, man vermutet seinen Ursprung im Kaukasus oder in Kasachstan. Es existieren inzwischen etwa 5000 Zuchtformen dieses beliebtesten aller Obstbäume. Im April bis Mai blühen diese bis zu 10 Meter hohen Bäume, ihre Blüten sind typischerweise außen rosa und innen weiß mit gelben Staubbeuteln. Apfelbäume werden heute in praktisch allen Ländern mit gemäßigt-kaltem Klima angebaut.

Quellen: 7, 9, 28, 32, 34

26
Philyra, Mutter des weisen Chiron
Linde, Alant, Flockenblume, Schafgarbe und Pfingstrose

Personen
PHILYRA: Tochter des Meeresgottes Okeanos
KRONOS: einer der zwölf Titanen, Sohn des Himmelsgottes Uranos und der Gaia, der Mutter Erde
RHEA: Titanin, Gattin des Kronos
CHIRON: Sohn der Philyra und des Kronos, ein Kentaur mit dem Oberkörper eines Menschen und dem Unterleib eines Pferdes
ASKLEPIOS: Sohn des Apollo und Gott der Heilkunst
ACHILLES: Sohn des Peleus und der Meeresnymphe Thetis, einer der Helden des Trojanischen Krieges

Der Mythos
Die Nymphe Philyra, Tochter des Okeanos, war die Herrscherin über eine Insel im Schwarzen Meer. Zwischen ihr und Kronos, dem Bruder des Okeanos, entbrennt eine heftige Liebe. Rhea ertappt die beiden beim Höhepunkt ihres Liebesakts. Kronos flieht darauf vor dem Zorn der Rhea, indem er sich in einen Hengst verwandelt und im Galopp das Weite sucht. Philyra wird schwanger von Kronos und gebärt schließlich den Kentauren Chiron, halb Mensch, halb Pferd. Vor Scham lässt sich Philyra von ihrem Vater Okeanos in die heilkräftige Linde verwandeln.

Doch ihr Sohn Chiron ist kein Monster. Die Götter

haben ihn mit besonderer Weisheit versehen: Er kennt das Geheimnis aller Pflanzen und kann so ihre Heilkräfte nutzen. Zu seinen besonderen Heilpflanzen zählen Alant (wird als Pflanze der Helena noch ausführlich behandelt) und das »große Kentavrion« (vermutlich eine Art der Flockenblume), das zur Wundbehandlung benutzt wurde.

Chiron wurde der Lehrmeister zahlreicher Helden und Heilkundiger. Die beiden bekanntesten waren Asklepios (lat. Aesculap), der Schutzgott aller Ärzte, und Achilles, einer der großen Helden des Trojanischen Krieges.

Achilles war der Sohn des Peleus und der Meeresnymphe Thetis. Als Baby wurde Achilles von Thetis kopfüber im Unterweltfluss Styx gebadet, um ihn unverwundbar zu machen. Da sie das Kind dabei an der Ferse festhielt, war dies seine einzige verwundbare Stelle.

Die Schafgarbe war die heilige Pflanze des Achills; mit ihr soll er den verwundeten Telephos auf dem trojanischen Schlachtfeld geheilt haben (das griechische Wort »achilleus« bedeutet »Schmerzvertreiber«). Interessanterweise wurde die Schafgarbe in anderen Kulturen, bei den Kelten und in China, auch als Orakelkraut verwendet, mit dessen Hilfe man in die Zukunft schauen konnte.

Asklepios ist ein Sohn des Apollo, dem als Gott der Heilkunde viele Heiligtümer gewidmet waren, wo Kranke Hilfe bei ihren Leiden suchten. Eine seiner besonderen Heilpflanzen ist die Pfingstrose oder Päonie (benannt nach dem Götterarzt Paeon), die in der Antike als Königin der Heilkräuter galt. Besonders wurde die blutstillende Wirkung ihres Wurzelsafts geschätzt. Paeon soll damit die Wunde des Hades geheilt haben, die ihm Herakles zufügte, als er den Höllenhund Kerberos aus der Unterwelt holte. Auch Vergil erwähnt im 7. Gesang der Äneis die

Päonie: »Virbios, der von den Pferden seines Vaters Theseus getötet worden war, wurde von Diana mit einer Päonie wieder auferweckt.«

Homer berichtet von der Schlacht um Troja:

> »Schnell wie die weiße Milch vom Feigenlab
> sich eindickt,
> gerann das Blut in der Wunde des Ares unter der
> Wirkung Paeons Kräuter.«

Die Pflanzen
Die Linden gehören zur Familie der Lindengewächse (Tiliaceae). Die häufigsten Arten in Europa sind die Sommer- und die Winterlinde (Tilia platyphylos bzw. cordata) sowie die aus Kleinasien stammende Silberlinde (Tilia tomentosa). Die charakteristischen Merkmale dieser stattlichen, bis zu 30 Meter hohen Bäume sind ihre zweizeilig angeordneten herzförmigen Blätter und ihre gelbgrünen Blüten. Das besondere Aroma des Nektars ihrer Blüten lieben die Bienen. Auch spielen die Lindenblüten schon seit dem Altertum in der Naturheilkunde als Mittel gegen Erkältung und Grippe eine große Rolle, da ihr Aufguss als Tee schweißtreibend und fiebersenkend wirkt.

Die Flockenblumen gehören zur Familie der Korbblütler (Compositae). Leider ist unbekannt, welche der 70 in Griechenland vorkommenden Arten von Flockenblumen die »große Kentavrion« gewesen sein mag, welche Chiron zur Wundheilung benutzte und von der auch Dioskurides berichtet. Von den in Mitteleuropa heimischen Flockenblumen ist die leuchtend blau blühende Kornblume (Centaurea ceanus) am bekanntesten. Sie stammt ursprünglich auch aus dem Mittelmeerraum und es wird ihr ebenfalls Heilwirkung nachgesagt. Weiter sind bei uns die Wiesenflockenblume (Centaurea jacea) und die Bergflockenblume (Centaurea montana) heimisch.

Die Gemeine Schafgarbe (Achillea millefolium) ist ebenfalls Mitglied der Familie der Korbblütler (Compositae). Sie ist in ganz Europa und Teilen Asiens verbreitet und auf Wiesen und an Wegrändern zu finden. Ihr botanischer Name »millefolium«, »tausend Blätter«, deutet auf die vielen sehr schmalen, kleinen Blattsegmente hin. Sie wird etwa 30–50 cm hoch und blüht weiß, leicht gelblich oder rosa. Das azulenhaltige ätherische Öl der Schafgarbe wirkt desinfizierend, entzündungshemmend und entkrampfend, weshalb sie seit der Antike als Heilkraut sehr geschätzt wird. Neben der Gemeinen Schafgarbe gibt es in Griechenland noch die Edle Schafgarbe (Acillea

Flockenblume

nobilis) und etwa zwanzig weitere Achillea-Arten. Daher bleibt leider unklar, welche die Pflanze des Achilles ist.

Die Pfingstrose (Paeonia officinalis) gehört zur Familie der Pfingstrosengewächse (Paeoniaceae) und kommt wild in den Hügeln und Bergwäldern des Mittelmeerraums vor. Sie hat als Dauerpflanze knollige Wurzeln und zwei- oder dreizählige breite Blätter. Die roten oder rosa Einzelblüten an der Spitze eines Stängels werden bis zu 10 cm breit. In den Gärten finden wir zahlreiche Päonien-Züchtungen, die von ostasiatischen Arten abstammen. Schmerzlindernde und beruhigende Wirkungen der Inhaltsstoffe dieser alten Heilpflanze sind nachgewiesen. Vor allem das Alkaloid Peregrin fördert die Blutgerinnung, was zur wundheilenden Wirkung der Päonie führt.

Alant: siehe 30

Quellen: 4, 5, 8, 28, 31, 32, 34

Pfingstrose

27
Kissos tanzt in den Tod
Efeu

Personen
KISSOS: Sohn des Dionysos oder Nymphe im Gefolge des Dionysos
DIONYSOS: siehe 3

Der Mythos
Dionysos wurde auch »der Efeugeschmückte« oder einfach »Kissos« (das griechische Wort für Efeu) genannt. Nymphen badeten ihn nach der Geburt in der Quelle Kissusa, der Efeuquelle.

Einer Legende zufolge ist Kissos ein Sohn des Dionysos, der für seine hinreißenden Tanzkünste berühmt war. Eines Tages stürzt er bei einer Aufführung in Anwesenheit seines Vater so unglücklich, dass er an seinen Verletzungen stirbt. Gaia verwandelt den toten Kissos in eine Efeupflanze, die von da an neben dem Wein und der Feige die Lieblingspflanze des Dionysos ist.

Einem anderen Mythos zufolge war Kissos eine Nymphe, die vor den Augen des Dionysos in Ekstase tanzt, bis sie tot umfällt. Dionysos verwandelt sie danach in Efeu.

Hinter diesen Legenden verbergen sich besondere halluzinogene und aphrodisierende Wirkungen, die man dem Efeu nachsagt. Seine giftigen Beeren sollen einen wilden, ekstatischen Rausch erzeugen, was zu den Mythen über die Mänaden passt, die sich mit einem efeuhaltigen Getränk berauscht haben sollen. Andere glauben, Efeu soll die üblen Nachwirkungen des Weinrauschs verhindert haben. Nach Plutarch soll Efeu gewalttätige Geister enthalten und eine Besessenheit in denjenigen erzeugen, die einen natürlichen Hang zur Ekstase haben.

Alle Mänaden und Satyrn in seinem Gefolge trugen Efeukränze. Es wurde geglaubt, dass jeder Ort, an dem Efeu wuchs, dem Dionysos geweiht ist und Efeu seine Anwesenheit anzeigt. Wie sehr die Griechen den Efeu mit Dionysos in Verbindung brachten, zeigt eine Überlieferung über die Eroberung der Stadt Nysa in Indien durch Alexander den Großen. Seine Soldaten erstürmten dort den heiligen Berg Meros und fanden auf ihm üppig wuchernden Efeu. Vor Freude weinend sanken sie nieder, da sie vermuteten, nun wieder in Nähe der Heimat zu sein, denn offensichtlich war es ein Platz des Dionysos.

Die Pflanze

Der Efeu (Hedera helix) gehört zur Familie der Efeugewächse (Araliaceae) und kommt in weiten Teilen Europas und Vorderasiens vor. Diese immergrüne Holzpflanze klettert mit Haftwurzeln an Bäumen, Mauern und Felsen empor. Die lederartigen, wechselständig angeordneten Blätter sind verschieden groß und in ihrer Form sehr verschieden. Meist sind sie an der Basis herzförmig und in der Gesamtform eher dreieckig. Der Efeu hat unscheinbare grünliche Blüten, die Früchte sind dunkelschwarze Beeren. Die Inhaltsstoffe des Efeu haben heute eine große pharmakologische Bedeutung, insbesondere als Mittel gegen Keuchhusten, Bronchitis und Nasennebenhöhlenentzündung. In der Antike nutzte man seine berauschende Wirkung und hielt ihn auch für ein Aphrodisiakum.

Quellen: 4, 12, 28, 31

28
Nana und die blutrote Frucht
Granatapfelbaum, Mandelbaum,
Eiche und Pinie

Personen
NANA: Tochter des Flussgottes Sangarios
SAGARITIS: eine Dryade, Tochter des Flussgottes Sangarios
ZEUS: siehe 1
RHEA: eine Titanin, Tochter des Himmelsgottes Uranos und der Gaia, der Mutter Erde
AGDISTIS: zweigeschlechtiges Ungeheuer, aus dem Samen des Zeus entstanden
DIONYSOS: siehe 3
ATTIS: Sohn der Nana, Geliebter der Rhea
IA: Tochter von König Midas von Phrygien

Der Mythos
Die Entstehung des Granatapfelbaums ist sicherlich eine der blutigsten Schöpfungsgeschichten der griechischen Pflanzen-Mythologie. Zu Beginn steht der Versuch des Zeus, seine Mutter Rhea zu vergewaltigen. Sein Vorhaben misslingt und der Samen fällt auf einen Felsen. Daraus erwächst Agdistis, ein mächtiges, zweigeschlechtiges Ungeheuer, das sowohl von den Göttern als von den Menschen gefürchtet wird. Eines Tages gelingt es Dionysos, den Agdistis im Schlaf zu überfallen und ihn zu entmannen. Aus dem dabei verspritzten Blut wächst der erste Granatapfelbaum (in anderen Überlieferungen ist es ein

Mandelbaum). Die leuchtend rote Farbe des Granatapfels erinnert an seine grausige Schöpfungsgeschichte.

Die Nymphe Nana, Tochter des Flussgottes Sangarios, pflückt eines Tages unbedacht einen Granatapfel von diesem Baum und verbirgt ihn an ihrem Busen. Nichts ahnend wird sie durch diese Berührung geschwängert und die Mutter des Attis. Nach Jahren wächst Attis zu einem schönen Jüngling heran und sowohl Rhea als auch der inzwischen weibliche Agdistis finden Gefallen an ihm. Doch Attis heiratet Ia, Tochter von König Midas. Bei der Hochzeit kommt es zu einem überraschenden Auftritt der eifersüchtigen Rhea und Agdistis, die dort ein Blutbad anrichten. Am Ende schneidet sich Ia eine Brust ab und Attis entmannt sich, woran er stirbt. Schließlich macht Rhea ihren Geliebten Attis unsterblich, indem sie ihn in eine Pinie verwandelt. Ia ist aus Trauer um Attis gestorben und aus ihrem Leichnam wächst der erste Mandelbaum.

In einer anderen Variante des Mythos verliebt sich Attis in die Nymphe Sagaritis, eine Dryade (Eichen-Nymphe), ebenfalls eine Tochter des Flussgottes Sangarios. Rasend vor Eifersucht versetzt Rhea ihrem Baum eine tiefe Wunde und Sagaritis stirbt daran. Dann treibt Rhea den Attis in den Wahnsinn; er entmannt sich selbst und wird darauf von Rhea in eine Pinie verwandelt.

Der Granatapfel wurde in der Antike für ein starkes Aphrodisiakum gehalten. Dazu trugen sicherlich seine Farbe und die vielen Samen im Inneren bei. In den rauschhaften Kulten der ägyptischen Liebesgöttin Hathor spielte der aus Granatäpfeln gewonnene sdh-Wein eine besondere Rolle als Aphrodisiakum. In Griechenland und besonders auf Zypern soll Aphrodite als Erste diesen Baum, der ihr heilig war, gepflanzt haben.

Allerdings ist der Granatapfel auch die Speise der Toten in der Unterwelt, wovon später noch die Rede sein wird.

Die Pflanzen
Der Granatapfelbaum (Punica granata) gehört zur Familie der Granatapfelbaumgewächse (Punicaceae) und kommt im Mittelmeerraum vor; ursprünglich stammt er aus dem Orient. Seine kräftig grünen, glänzenden Blätter sind elliptisch geformt. Die 3–4 cm langen Blüten haben einen glockenförmigen Kelch und eine intensiv rote Farbe. Die ebenfalls leuchtend rote Frucht hat die Größe einer Orange und trägt Reste des Blütenkelches. Aufgeteilt in drei Kammern enthält sie viele, von rosa Fruchtfleisch ummantelte Kerne. In der Wurzelrinde wurde eine Verbindung entdeckt, die als entheogener Neurotransmitter starke psychoaktive Wirkung besitzt. Dies könnte auch die in der Antike gebräuchliche Bezeichnung »Baum der Erkenntnis« erklären.

Der Mandelbaum (Prunus communis) gehört zur Familie der Rosengewächse (Rosaccac) und ist eine typisch mediterrane, ursprünglich wohl aus Vorderasien stammende Pflanze. Seine Blätter sind länglich-eiförmig, die Blüten weißlich oder zartrosa. Die spitze Steinfrucht hat einen dichten, pelzartigen Überzug; das Fleisch besteht lediglich aus einer dünnen, lederartigen Schicht. Der harte Kern enthält einen weißen Keim, die Mandel. Man unterscheidet im Wesentlichen zwei Sorten: die süß schmeckende Süßmandel (var. dulcis), die nicht duftet, und die duftende Bittermandel (var. amara). Süßmandeln werden in Gebäck und als Hauptbestandteil des Marzipan verwendet, das Öl zu kosmetischen Zwecken oder als Massage-Gel. Bittermandelöl ist ein bekannter Aromastoff.

Die Pinie (Pinus pinea) gehört zur großen Familie der Kieferngewächse (Pinaceae). Der Baum mit seiner ausgebreiteten, flachen und schirmartigen Krone ist ein Wahrzeichen der mediterranen Landschaft. Die hellen Nadeln werden 10–15 cm, die einzeln stehenden Zapfen ebenso lang. Ihre Samen sind die Pinienkerne, die insbesondere in der italienischen Küche Verwendung finden. Plinius berichtet, dass schon in der Antike ein Gebäck aus Pinien-Nüssen und Honig hergestellt wurde. Weiterhin rühmt er die Fruchtbarkeit der Pinie: »Kein anderer Baum ist so verschwenderisch: Im selben Moment, da man einen Zapfen pflückt, reift ein anderer; die Verteilung ist so gleichmäßig, dass es keinen Monat gibt, in dem kein Zapfen reift.« Als vorzügliches Aphrodisiakum empfiehlt Ovid in seiner »Liebeskunst« »die Nuss, die im First der stacheligen Pinie wächst«. Nach Demokritos sind Pinienkerne ein wesentlicher Bestandteil von Hermesias, ein Aphrodisiaka-Gemisch zur Zeugung schöner und guter Kinder.

Eiche: siehe 2

Quellen: 3, 9, 28, 31, 37

29
Der lüsterne Orchis
Knabenkraut

Personen
ORCHIS: Sohn eines Satyrs und einer Nymphe
DIONYSOS: siehe 3
DEMETER: siehe 21

Der Mythos
Die Satyrn sind männliche Begleiter des Dionysos, die mit Hörnern und Schwänzen und manchmal sogar mit den Beinen eines Ziegenbocks dargestellt werden. Neben Musik, Tanz und Weingenuss als Zeitvertreib liebten sie es auch, Nymphen nachzustellen.

Orchis war der Sohn eines Satyr und einer Nymphe. Während eines ausschweifenden Trinkgelages des Dionysos versucht er eine Nymphe zu vergewaltigen. Zur Strafe wurde er von rasenden Mänaden in Stücke gerissen. Sein Vater bat Dionysos, seinen Sohn wieder zum Leben zu erwecken. Doch dieser gewährte diesen Wunsch nur teilweise. Er ließ aus den Hoden des Orchis die Orchidee Knabenkraut wachsen (griechisch »orchis« bedeutet »Hoden«).

Vielleicht verdankt das Knabenkraut dieser Geschichte seinen Ruf als Aphrodisiakum. Dabei beflügelten die Wurzelknöllchen der Pflanze die Phantasie der Menschen, man brachte sie mit Hoden in Verbindung (daher der Name Knabenkraut).

Anderseits wurde aus den Wurzelknollen ein Stärkemehl gewonnen, weshalb man Knabenkraut auch als eine

Art Getreide schätzte. Bei den Festen zu Ehren der Demeter spielten die Blüten des Knabenkrauts eine große Rolle. Im Mittelpunkt der Prozessionen standen in weiße Gewänder gekleidete Knaben, die Blütenkränze aus Knabenkraut auf der Stirn trugen. Aber auch Männer und Frauen bekränzten sich damit. Allgemein nannten die Griechen die Orchidee »Cosmossandalon« (Weltsandale). Sie hielten sie für die Lieblingsblumen der Demeter, die in Orchideenschuhen über die Welt wandert (daher wohl auch der Name unserer heimischen Orchidee Frauenschuh).

Das Stärkemehl aus den Knabenkraut-Knollen ist die wesentliche Grundlage des Sahlep. Dies Getränk wird noch heute vor allem in der Türkei sehr geschätzt. Es soll von den Haremsdamen der Sultane in großen Mengen konsumiert worden sein. Neben der aphrodisierenden Wirkung sorgte Sahlep für die erwünschte Fülligkeit der Damen, denn »der Muselmane liebte schöne Frauen, die dem Vollmond gleichen« (Minna von Strantz).

Die Pflanze
Das Knabenkraut (Orchis) gehört zur Familie der Orchideengewächse (Orchidaceae) mit etwa 80 auf der Nordhalbkugel verbreiteten Arten. Die an Hoden erinnernden Wurzelknollen dienen als Speicherorgan. Knabenkrautarten haben schmale bis ovale grüne Blätter und am oberen Stängel in zylindrischer Form angeordnete kleine Blüten. Einige Knabenkrautarten sind auf Feuchtwiesen und in Mooren, andere typischerweise an Berghängen zu finden. Bekannte Arten sind das Gefleckte und das Breitblättrige Knabenkraut (Orchis maculata bzw. latifolia).

Quellen: 4, 28, 31, 37

30
Oinone, Paris und die schöne Helena – eine Liebestragödie
Alant und Herbst-Adonis

Personen
HELENA: Tochter des Zeus und der Leda, Gemahlin des Königs Tyndareos von Sparta
OINONE: Tochter des Flussgottes Kebren
PARIS: löste durch die Entführung der Helena den Trojanischen Krieg aus.
PRIAMOS: König von Troja, Vater des Kriegers Hektor und des Paris
HEKABE: Gattin des Königs Priamos
HERMES: siehe 1
HERA: siehe 1
ATHENE: siehe 20
APHRODITE: siehe 11
KASSANDRA: Schwester des Paris, bekam von Apollo die Gabe der Weissagung geschenkt, ihre Rufe wurden jedoch nicht erhört.

Der Mythos
Paris und seine Entführung der Helena sind als Auslöser für den Trojanischen Krieg berühmt. Weniger bekannt sind seine Liebe zu einer weiteren Frau und die besondere Rolle von Pflanzen in dieser Liebestragödie.

Paris wird als Sohn des trojanischen Königs Priamos und seiner Frau Hekabe geboren. Der Seher Aisakos deutet einen Traum der Hakabe und prophezeit, dass dieser neugeborene Sohn eines Tages den Untergang Trojas herbeiführen werde. Daher beschließt Priamos zusammen mit Hekabe, den kleinen Paris im Gebirge auszusetzen. Doch Paris wird dort von einer Bärin gesäugt und überlebt auf diese Weise. Am Berg Ida wächst er bei Hirten auf und lernt ihr Handwerk. Als herangewachsener Jüngling heiratet er die schöne Nymphe Oinone, Tochter des Flussgottes Kebren. Oinone ist eine weise Seherin, die insbesondere auch die Heilkraft der Pflanzen kennt.

Doch die Götter haben Großes mit Paris vor: Eines Tages erscheinen ihm Hermes und die Göttinnen Hera, Athene und Aphrodite. Hermes bittet Paris zu entscheiden, welche der drei Göttinnen die Schönste sei. Er entscheidet sich für Aphrodite, die ihm als Gegenleistung die schöne Helena verspricht, eine aus einem Ei geborene Tochter der Leda und des Zeus. Voller Zorn wird Hera eine erbitterte Feindin nicht nur des Paris, sondern aller Trojaner.

In Troja veranstalten Priamos und Hekabe aus Trauer und Reue über ihren ausgesetzten Sohn Leichenspiele. Paris nimmt unerkannt als Hirte daran teil und gewinnt schließlich den Wettkampf. Seine Schwester Kassandra erkennt ihn dank ihrer seherischen Fähigkeiten und er wird als Königssohn gefeiert. Er kehrt dennoch zunächst zurück zu seiner Frau Oinone. Doch wenig später schließt er sich der trojanischen Gesandtschaft an, die nach Sparta reist. Oinone sieht die große Gefahr voraus und versucht verzweifelt, ihren Mann von der Reise abzuhalten. Doch Paris hört nicht auf sie.

In Sparta raubt Paris die ihm von Aphrodite versprochene Helena und löst so den Trojanischen Krieg aus. Die entführte Helena weint in Troja über ihr Schicksal. Dort, wo die Tränen auf den Boden fallen, sprießt Alant aus dem Boden, der fortan die heilige Pflanze der Helena ist (in einer anderen Überlieferung weint sie die Tränen später über den Verlust des Steuermannes Kanopos, der sie nach der Einnahme Trojas nach Ägypten führte). In der Antike und im Mittelalter war Alant eine geschätzte Heilpflanze, sie soll die Verdauung fördern und bei Husten und Asthma helfen. Wie Plinius berichtet, war Kaiserin Julia Augusta vernarrt in kandierte Alantwurzeln.

Bei den Kämpfen um Troja wird Paris schließlich durch einen vergifteten Pfeil des griechischen Bogenschützen Philoktetes schwer verwundet. Dem Tod nahe, schleppt er sich zurück zu seiner Frau Oinone. Als weise Heilerin kennt sie die Pflanze, die ein wirksames Gegengift enthält. Doch erbost und enttäuscht über die Untreue ihres Mannes verweigert sie Paris das einzige Heilmittel, das ihn retten kann. Als Paris stirbt, bereut es Oinone und begeht Selbstmord.

Leider ist unklar, welches die geheimnisvolle Pflanze der Oinone ist. Der griechische Arzt Dioskurides, der im 1. Jahrhundert lebte, berichtet in seinem Werk »De Materia Medica« über eine Heilpflanze Oinone (oder auch Argemone), bei der es sich vermutlich um Herbst-Adonis (Adonis automnalis) handelt.

Die Pflanzen
Der Alant (Inula helenium) gehört zur Familie der Korbblütler (Compositae) und stammt ursprünglich aus Zentralasien. Er wächst heute in verschiedenen europäischen Ländern. Die bis zu zwei Meter hohe Staude ist auch eine beliebte Gartenpflanze mit dekorativen, breiten und bis zu 80 cm langen Blättern und gelben Blüten. In der Antike

und im Mittelalter war Alant eine sehr geschätzte Heilpflanze, die besonders bei Erkrankungen der Atemwege (Bronchitis und Husten) und bei Magenbeschweren verwendet wurde.

Herbst-Adonis (Adonis automnalis) gehört zur Familie der Hahnenfußgewächse (Ranunculaceae). Die einjährige Pflanze wird bis zu 30 cm hoch und hat im Spätsommer und Herbst dunkelrote Blüten mit dunklem Zentrum. Genau wie die im Frühling und Sommer blühenden Adonis-Arten (siehe 24) enthält sie Glykoside, Wirkstoffe, die zur Heilung von Herzleiden genutzt werden.

Quellen: 5, 8, 28, 30, 31, 39

31
Der Baum der Athene
Olivenbaum

Personen
ATHENE: siehe 20
POSEIDON: als Sohn der Titanen Kronos und Rhea Bruder von Zeus und Hades, Gott des Meeres

Der Mythos
Der Olivenbaum hat wie kaum eine andere Pflanze den Griechen Nahrung, Licht, Gesundheit und Reichtum gebracht. So wundert es nicht, dass auch seine Herkunft in ihrer Mythologie auf eine göttliche Schöpfung zurückzuführen ist.

Eines Tages entbrennt zwischen dem Meeresgott Poseidon und Athene, der Göttin der Weisheit, ein heftiger Streit, beide beanspruchen die Herrschaft über Attika. Schließlich muss Zeus einschreiten. Mit großer Weisheit schlägt er einen Wettkampf vor. Wer dem attischen Volk das wertvollste und unvergänglichste Geschenk macht, der soll über Attika herrschen. Nahe einem Felsen, auf dem später die Akropolis gebaut wurde, wird der Wettkampf ausgetragen. Poseidon erscheint mit seinem machtvollen Dreizack in der Hand, mit dem er die wildesten Stürme der Meere entfachen kann. Mit großem Getöse und Geschrei nimmt er Anlauf und stößt seinen Dreizack in den Felsen. Sofort entspringt eine Salzwasserquelle aus dem Felsen. Voller Stolz verweist Poseidon auf das sprudelnde Wasser. Mit einem weisen Lächeln auf den Lippen schreitet nun Athene langsam neben den Felsen. Sanft drückt sie ihren Speer mit seinem hölzernen Schaft in den Boden. Auf wundersame Weise sprießen plötzlich Äste und auch Blätter aus dem Holz. Vor aller Augen wächst ein Olivenbaum, der schließlich reichlich reife Früchte trägt. Der große Nutzen der ölhaltigen Früchte ist unverkennbar und Athene gewinnt schließlich den Wettkampf. In besonderer Dankbarkeit für dieses Geschenk benennen die Bewohner der Hauptstadt Attikas ihre Stadt nach der Göttin Athene.

Das Olivenöl hat für die Griechen eine überaus große Rolle gespielt. Das Licht aus vielen Öllampen war ein besonderer Luxus. Das Öl war nicht nur eine vorzügliche Speise, es wurden auch die Körper der Götter, Menschen und sogar Statuen damit gesalbt. Als Symbol ihrer göttlichen Würde und Autorität wurden hohe Würdenträger bei ihrer Amtseinführung mit Olivenöl gesalbt, meist mit Balsam versetzt. Hera selbst salbt sich mit Olivenöl, wenn sie Zeus verführen will, was der kosmetischen noch eine aphrodisierende Wirkung hinzufügt.

In Erinnerung an das göttliche Geschenk wurden Olivenbäume neben den Tempeln der Athene gepflanzt. Das Fällen von Olivenbäumen war mit einem Tabu belegt, das nur gebrochen werden durfte, um aus dem Holz Götterstatuen zu schnitzen.

Neben der Eule ist der Olivenzweig das Symbol der Athene und ihrer Stadt Athen, als Zeichen für Sieg und Frieden.

Die Pflanze
Der Olivenbaum (Olea europaea) gehört zur Familie der Ölbaumgewächse (Oleaceae). Er stammt ursprünglich aus

Kleinasien, dem Kaukasus und dem arabischen Raum und ist heute als Kulturpflanze im gesamten Mittelmeerraum verbreitet. Es handelt sich um einen immergrünen, mittelgroßen Baum (2–10 Meter Höhe) mit einem knorrigen und krummen Stamm. Die gegenständigen Blätter sind lanzettförmig und etwa 5–8 cm lang mit einer matt graugrünen Oberseite und einer silbergrauen Unterseite. Der Olivenbaum wächst sehr langsam und wird mehrere hundert Jahre alt, Einzelexemplare sollen zweitausend Jahre alt sein. Die Blüten des Baumes stehen in Rispen. Nach einer Bestäubung durch Insekten wachsen grüne bis schwarzblaue Steinfrüchte, die Oliven, die von November bis März geerntet und zu Öl verarbeitet werden.

Quellen: 9, 28, 32

32
Helike und die Quelle der Inspiration
Weide

Personen
HELIKE/KALLISTO: die Nymphe des Weidenbaums, gehört zum Gefolge der Artemis
AMALTHEIA: die Nymphe der Ziegen
ZEUS: siehe 1
ARKAS: Sohn der Kallisto, Stammvater der Arkader, Bewohner der Landschaft im Herzen des Peloponnes
HERA: siehe 1

Der Mythos
Helike ist die Nymphe des Weidenbaums. Ihr Wohnort mit einem heiligen Weidenhain ist der nach ihr benannte Berg Helikon, ein Kalksteinmassiv zwischen dem Golf von Korinth und der Ebene von Kopai in Böotien. Dieser Berg scheint eine besondere Anziehungskraft auf Nymphen auszuüben. Hier wohnte auch die Nymphe Echo (bevor sie in einen Felsen verwandelt wurde) und er gilt auch als Heimat der neun Musen. Sie scharten sich hier um die Quelle Hippokrene, die Quelle der Inspiration, ein Ursprungsort der Eingebungen für die schönen Künste und Wissenschaften. Einst hatte das geflügelte Pferd Pegasus diese Quelle durch Scharren mit den Hufen entstehen lassen. Selbst die Göttin Athene kommt zum Helikon, um im Quellteich zu baden.

Die Weidennymphe Helike wurde später unter dem Namen Kallisto bekannt, über die Ovid berichtet. Im Gefolge der Artemis wird Kallisto eines Tages von Zeus verführt und schenkt ihm einen Sohn namens Arkas. Natürlich kommt Hera auch diesem Seitensprung auf die Schliche. Sie lastet Kallisto die Schuld an und spricht, wie Ovid berichtet, im Zorn zu ihr:

> »Straflos geht dir's nicht hin. Die Gestalt, durch die du dir selbst und,
> Lästige du, meinem Gatten gefällst, ich werd' sie dir nehmen!«

Daraufhin reißt sie Kallisto an den Haaren zu Boden und verwandelt sie in eine Bärin. Jahre später durchstreift der inzwischen zum Jüngling herangewachsene Arkas als Jäger die Wälder und begegnet seiner Mutter. Die Bärin erkennt ihren Sohn und läuft voller Freude auf ihn zu. Doch dieser erkennt seine Mutter nicht und will sie durch einen Pfeilschuss töten. Im letzten Moment fährt Zeus dazwischen und verwandelt Kallisto in ein Sternbild, den Großen Bären (Großer Wagen).

In einer anderen Version sind Helike und ihre Schwester, die Ziegennymphe Amaltheia, die Ammen, die den kleinen Zeus großziehen. Aus Dankbarkeit versetzt sie Zeus als großen und kleinen Bären an den Himmel. Beide Sternbilder stehen dem Polarstern sehr nahe und ihre Drehung ist besonders offensichtlich (im Griechischen heißt »helike« nicht nur »Weide«, sondern auch »Windung«).

Die Weide wird seit der Antike mit dem Mond, mit Wahrsagung, mit weiblichen Kräften und Hexen in Verbindung gebracht. Auch Kirke, die Odysseus in ihren Bann schlug, hatte einen Weidenhain, der der Zauberin Hekate geweiht war. Die Weide wurde auch als Pflanze der Persephone mit dem Tod in Verbindung gebracht. Anderseits war bereits ihre heilende Wirkung bekannt.

Die Pflanze
Die Weiden (Salix ssp.) gehören zur Familie der Weidengewächse (Salicaceae). Zu dieser Gattung gehören nicht weniger als 500 Weidenarten, die im gemäßigten und kalten Klima Eurasiens und Nordamerikas vorkommen. Am häufigsten findet man sie auf feuchten Böden in Ufernähe von Bächen und Flüssen. Einige Arten sind aber auch ausgesprochene Bergbewohner bis in Höhen von 3000 Meter. Die häufigste Art ist die Silberweide (Salix alba), die als raschwüchsiger Baum bis zu 25 Meter hoch und bis zu 100 Jahre alt werden kann. Die Blätter sind lanzettförmig und am Rand fein gezäht. In der Naturheilkunde ist die Weide für ihre schmerzlindernde Wirkung bei Fieber, Erkältung und Rheuma bekannt, was auf ihren Wirkstoff Saligenin zurückzuführen ist.

Quellen: 4, 11, 19, 28, 29

33
Die Amazone und das Kraut des Todes
Petersilie

Personen
HYPSIPYLE: Königin der Amazonen von Lemnos, später Sklavin und Amme am Hof des Königs von Nemea
ÖDIPUS: König von Theben, der, wie ein Orakel prophezeit hatte, seinen Vater unwissentlich tötete und seine Mutter heiratete
IOKASTE: Mutter und Gattin des Ödipus
ETEOKLES und POLYNEIKES: Söhne des Ödipus und der Iokaste
ADRASTOS: König von Argos
OPHELTES: Sohn des Königs von Nemea

Der Mythos
Der Kampf der Sieben gegen Theben endet mit einer herben Niederlage, und ein böses Omen ging in Erfüllung. Dem voraus ging die Enthüllung der wahren Identität des Ödipus und der folgende Selbstmord seiner Mutter/Frau Iokaste. Ödipus selbst stach sich die Augen aus, verließ Theben und irrte umher.

Nach einer Vereinbarung sollten sich seine von Iokaste geborenen Söhne Eteokles und Polyneikes die Herrschaft über Theben im jährlichen Wechsel teilen. Doch Eteokles brach die Vereinbarung, verweigerte die turnusgemäße Machtübergabe an Polyneikes und verjagte diesen aus Theben. Polyneikes rüstete daraufhin zum Kampf gegen Eteokles und suchte Unterstützung. Er fand sie bei

Adrastos, dem König von Argos, dessen Tochter er heiratete. Geführt von König Adrastos brachen sieben Helden und ihre Krieger zum Kampf gegen Theben auf.

Die Kriegsführung in heißen Ländern hatte zu allen Zeiten die gleichen logistischen Probleme: Den Helden ging auf dem Zug gen Theben das Wasser aus, und sie suchten nach einer Quelle. Dabei begegneten sie im Wald von Nemea einer Frau von seltener Schönheit, die einen Säugling auf dem Arm trug. Es war Hypsipyle, die als Sklavin und Amme Opheltes, den Sohn des Königs von Nemea, behütete (sie war die Königin der Amazonen von Lemnos und von Piraten entführt als Sklavin nach Nemea gelangt). Hypsipyle erklärte sich bereit, den Kriegern eine geheime Quelle zu zeigen, die nur sie kannte. Sie legte den Säugling Opheltes auf einige Büschel Petersilie, die dort wuchs, und führte die Männer zur Quelle. Mit Schrecken musste sie bei ihrer Rückkehr feststellen, dass eine Schlange den Königssohn Opheltes getötet hatte. Die sieben Helden werteten dieses Unglück als böses Omen, das sich schließlich bewahrheitete.

Seit dieser Sage wurde im antiken Griechenland und später auch in Rom die Petersilie mit Tod und Verderben in Verbindung gebracht. Kränze aus Petersilie wurden auf Gräber gelegt zu Ehren von Persephone, die die Seelen der Verstorbenen in die Unterwelt führte. Die Christen übertrugen später diesen Brauch auf den heiligen Petrus, dem Hüter der Himmelpforte. So wurde Petrus vermutlich der Namensgeber dieser Pflanze.

Neben dieser Verbindung zum Tod wussten allerdings schon die Römer Petersilie als Küchenkraut sehr zu schätzen. So empfahl Plinius seine Verwendung zu vielen Speisen. Erstaunlicherweise wurde Petersilie auch mit

Schutz, Reinigung und Liebe in Verbindung gebracht und als Aphrodisiakum für Männer geschätzt. Ein altes Sprichwort besagt: »Petersilie hilft den Männern auf's Pferd, den Frauen unter die Erd'.« Der zweite Teil ist eine Anspielung auf die seit der Antike bekannte Verwendung von Petersiliensamen als Aborativum. Dabei ist es wohl bei Überdosierung der giftigen Samen zu Todesfällen gekommen.

Die Pflanze
Die Petersilie (Petroselinum hortense) gehört zur Familie der Doldengewächse (Umbelliferae) und ist ursprünglich im Mittelmeerraum beheimatet. Die zweijährige Pflanze hat eine spindelförmige Pfahlwurzel. Typisch sind die doppelt gefiedert zusammengesetzten Blätter, mit typisch ovaler Form sind sie stark gezähnt oder geschlitzt und an der Oberfläche glänzend. Man unterscheidet zwischen der Dünnblättrigen Petersilie (var. tenuifolium) mit schmalen Blättchen und der Gekräuselten Petersilie (var. crispum). Im zweiten Jahr wächst ein Blütenstängel mit doldenförmigen, grünlichen Blüten. Die Früchte sind ovalspitz und kräftig gerippt. Petersilie ist ein beliebtes und weltweit genutztes Küchenkraut, wobei sich die glatte Petersilie gegenüber der gekräuselten durch ein deutlich stärkeres Aroma auszeichnet.

Quellen: 28, 32

34
Demeter: Nicht ohne meine Tochter
Weizen, Mohn, Hyazinthe und Narzisse

Personen
ARETHUSA: Nymphe, wird auf der Flucht vor
dem Flussgott Alpheus von Artemis in ein Gewässer
verwandelt
DEMETER: siehe 21
KORE/PERSEPHONE: siehe 10
HADES: siehe 10
KELEOS: König von Eleusis
TRIPTOLEMOS: Sohn des Königs Keleos
MEKON: Geliebter der Demeter

Der Mythos
Hades geht eines Tages mit Unterstützung des Zeus auf Brautschau. Dabei fällt seine Wahl auf Kore, die schöne Tochter der Demeter, Göttin des Getreides und der Fruchtbarkeit der Erde. Doch er kann Kore nicht finden, aber Zeus hilft ihm, indem er an allen Stellen, an denen sich Kore aufhält, Hyazinthen sprießen lässt. So gelingt es Hades schließlich, Kore am Ätna auf Sizilien aufzuspüren. Weitere Unterstützung erhält er von der Erdgöttin Gaia, die Narzissen wachsen lässt, deren Duft Kore anlocken soll. Schließlich öffnet er am Vulkan eine Erdspalte und entführt Kore in die Unterwelt, wo sie nun fortan seine Gattin ist und Persephone heißt. Demeter sucht verzweifelt nach ihrer Tochter. Die Nymphe Arethusa hilft ihr und verrät, was geschehen ist. In großer Trauer irrt Demeter

durch verschiedene Länder. Da sie ihren Fruchtbarkeit spendenden Segen verweigert, hören Pflanzen auf zu wachsen und Bäume tragen keine Früchte mehr, Menschen und Tiere müssen hungern. Die Götter des Olymp erkennen das große Unheil und zwingen Hades zur Freigabe der Persephone. Doch listigerweise hatte Hades Persephone von der Speise der Toten, den Granatapfelkernen, kosten lassen. Nun muss Persephone für drei Monate im Jahr, nämlich in der vegetationslosen Zeit im Winter, im Hades bleiben. Dann kehrt sie im Frühling zurück auf die Erde und bewirkt dort das Austreiben der Pflanzen.

Während der Suche nach ihrer Tochter findet Demeter Aufnahme und Trost bei König Keleos von Eleusis. Zum Dank beschenkt sie dessen Sohn Triptolemos mit dem ersten Weizenkorn und einem Holzpflug und lehrt ihn den Getreideanbau. Außerdem gibt sie ihm einen Drachenwagen, damit er überall auf der Erde umherreisen und den Menschen Saat für den Ackerbau bringen kann.

Eine weitere Pflanze haben wir Demeter zu verdanken: Sie verwandelt den von ihr geliebten Mekon nach dessen Tod in eine Mohnblume, um ihn unsterblich zu machen. Der Mohn trägt fortan seinen Namen (im Griechischen heißt Mohn »Mekon«). Während der Entführung ihrer Tochter benutzt Demeter den Saft des Schlafmohns (Opium), um ihren Schmerz zu lindern und in erholsamen Schlaf zu fallen. Das Wort Opium leitet sich vom griechischen »opion« her, das »Milchsaft des Mohns« bedeutet. Mohn ist auch die Pflanze des Schlafgottes Hypnos und dessen Sohn Morpheus, dem Gott der Träume. So ist Mohn in der Antike ein Symbol des Schlafes und des prophetischen Traumes. Ovid beschreibt den Wohnsitz des Hypnos als den Eingang der Unterwelt:

> Draußen am Eigang stehn in üppiger Blüte
> der Mohn und
> Kräuter tausenderlei, aus denen die Nacht ihre
> süßen
> Schlummersäfte gewinnt, das beschattete Land
> zu betauen.

Mohn wird wegen seiner großen Zahl von Samen auch zum Fruchtbarkeitssymbol der Demeter und ist auf zahlreichen Abbildungen zusammen mit einem Ährenbüschel zu finden.

Die Pflanzen

Die Gattung Weizen (Triticum) gehört zur Familie der Süßgräser (Gramineae) und hat seine ursprüngliche Heimat in Mesopotamien. Heute wird Weizen weltweit in allen gemäßigten Klimazonen angebaut und ist als Getreide für die Welternährung von überragender Bedeutung. Die einjährige Pflanze wird etwa 1,20 Meter hoch. Charakteristisch, wie bei allen Gräsern, ist der einzelne starke Halm, an dessen Spitze die Ähre sitzt. Entlang der Ährenachse sind Hochblätter angeordnet, die man Spelzen nennt, welche die Blüten beinhalten. Weizen ist ein Windblütler, es findet wie auch bei anderen Gräsern eine Selbstbestäubung statt. Später umschließen die Spelzen das reife Getreidekorn, dessen Farbe sortenabhängig ist. Der wichtigste Verwendungszweck des Weizens ist die Herstellung von Mehl für Brot und Gebäck.

Die Gattung Mohn (Papaver) gehört zur Familie der Mohngewächse (Papaveraceae). Die Mohnblüten zeichnen sich durch zwei kahnförmige Kelchblätter und die sehr zarten Blütenblätter in leuchtenden Farben aus. Die wohl bekannteste Mohnart ist der feuerrot blühende Klatschmohn (Papaver rhoeas). Die vier roten Blütenblätter haben am Grund einen schwarzen Fleck, der oft von einem weißen Rand umgeben ist. Die zahlreichen Staubblätter sind dunkelviolett und umgeben einen großen Fuchtknoten, der sich nach dem Verblühen zu einer Kapsel umbildet, die eine große Zahl von Mohnsamen enthält. Beim Schlafmohn (Papaver somniferum) enthält die Fruchtkapsel einen milchigen Saft, den man durch Einschnitte herausquellen lassen kann. In getrockneter Form bezeichnet man diese Substanz als Opium, eine der klassischen Drogen und Grundstoff für Morphium und andere Wirkstoffe. Schlafmohn ist eine der wichtigsten Pflanzen der gesamten Pharmaziegeschichte.

Hyazinthe: siehe 17; Narzisse: siehe 9

Quellen: 4, 28, 29, 32, 39

35
Im Duftgarten der Aphrodite
Rose, Myrte und Quitte,
Stern-von-Bethlehem, Lichtnelke,
Seifenkraut und Wasserminze,
Weihrauchbaum, Myrrhen-Baum und
Mastix-Strauch

Personen
HOREN: Nymphen der Jahreszeiten, des Blühens und des Reifens
AËONE: Nymphe aus dem Gefolge der Aphrodite
APHRODITE: siehe 11
HEPHAISTOS: Sohn des Zeus und der Hera, Gott des Feuers, der Schmiede und Handwerker, Ehemann der Aphrodite

Der Mythos
Keine andere griechische Göttin ist so sehr den duftenden Blumen verbunden wie Aphrodite. Sie schätzt als Göttin der Liebe alle aphrodisierend wirkenden pflanzlichen Wohlgerüche. Die Nymphen in ihrem Gefolge – Kleopatra, Eunomia, Paidia, Peitho und Eudamonia – sind mit Blumen geschmückt, und Duftgärten sind ihre Heiligtümer. Noch Pausanias (2. Jh. n. Chr.) sah solch einen Garten in Athen.

Die wichtigsten Pflanzenattribute der Aphrodite sind die wohlriechende Rose, die Myrte und die Quitte mit dem aromatischen Duft ihrer reifen Früchte.

Als »Schaumgeborene« entsteigt die junge Aphrodite aus der Brandung an der Küste Zyperns. Zu Ehren ihrer Geburt lassen die Götter erstmals duftende Rosen aus der Erde sprießen. Dort, wo Aphrodites Füße den sandigen Boden betreten, wachsen aus ihren Fußspuren kleine weiße Blumen, die später Stern-von-Bethlehem genannt werden. Ihre ersten Schritte an Land werden poetisch von Rainer Maria Rilke (Geburt der Venus, 1904) beschrieben:

So landete die Göttin.

Hinter ihr,
die rasch dahinschritt durch die jungen Ufer,
erhoben sich den ganzen Vormittag
die Blumen und die Halme, warm, verwirrt,
wie aus Umarmung. Und sie ging und lief.

Sie wird von den Horen, den Nymphen der Jahreszeiten, begrüßt, die ihren makellosen, nackten Körper zuerst hinter den Zweigen eines blühenden Myrtenstrauchs verbergen, wiederum eine besondere Duftpflanze. Aphrodites besondere Beziehung zur Myrte wurde schon in der Geschichte der Nymphe Myrsine erwähnt.

In der Antike sind Quitten ein Liebessymbol und Aphrodisiakum. Aphrodite nimmt in ihrem von Vögeln gezogenen Wagen neben Rosen und Myrten auch immer Quitten mit. Von diesen Gaben strömt ihr betörender und zur Liebe verzaubernder Duft aus. Sogar Solon, der große griechische Gesetzgeber, empfahl Brautpaaren Quitten vor der Hochzeitsnacht, weil ihr Genuss Harmonie und Freude verspreche.

Ovid erwähnt als weiteres Attribut der Aphrodite die

stark aromatisch duftende Wasserminze. Diese Duft-Pflanze wurde im Frühling zusammen mit Myrten und Rosen in ihre Tempel gebracht.

Aphrodite sorgt noch für die Entstehung weiterer Pflanzen. Sie ist Gemahlin des Hephaistos, der Gott des Feuers, der Schmiedekunst und der Handwerker. Sie lässt jedoch kaum eine Gelegenheit aus, diesen zu betrügen. Ihr Eheleben scheint auch sonst nicht sehr harmonisch verlaufen zu sein. So mochte sie es gar nicht, wenn der von der Arbeit mit Ruß beschmutzte Hephaistos sie berührte. Sogleich musste sie sich danach baden. Aus dem anschließend weggeschütteten Badewasser ist das Seifenkraut entstanden. Anderen Überlieferungen zufolge wuchsen an ihren Badeteichen aus dem von ihr verspritzten Wasser Lichtnelken.

Plinius berichtet, dass Seifenkraut als Waschmittel eine hohe Reinigungswirkung habe, besonders beim Waschen von Wolle. Auch die Assyrer sollen das Kraut bereits für diese Zwecke benutzt haben.

Aphrodite steht auch in Verbindung mit wohlriechendem Räucherwerk. Schon seit Urzeiten bringen Menschen den Göttern nicht nur materielle Gaben als Opfer, sondern sie verbreiten auch Wohlgerüche durch Räucherwerk. Seit Menschen das Feuer nutzen, ist ihnen aufgefallen, dass bestimmte Pflanzen und insbesondere Baumharze bei der Verbrennung Duftstoffe freisetzen. Baumharze sind die »Tränen« der Bäume, die in Griechenland mit den Baumnymphen in Verbindung gebracht werden. Die in der Antike am häufigsten als Räucherwerk verwendeten Harze waren Weihrauch (Olibandum), Myrrhe und Mastix. Unser Wort »Parfüm« hat seine Wurzeln im lateinischen »per fumum« (durch den Rauch).

Als Erfinderin des Parfüms gilt die Nymphe Aëone aus dem Gefolge Aphrodites, die die Menschen erstmals in der Kunst des Räucherns mit Düften unterwies. Diese Kunst hatte rituelle, stimulierende, heilende oder auch bewusstseinserweiternde Bedeutung. Die Verwendung von Lorbeerblättern zum Räuchern durch Orakelpriesterinnen wurde schon in der Geschichte der Nymphe Daphne erwähnt.

Die Verbrennung von Räucherwerk und Weihrauch war in der Antike sehr weit verbreitet und fand schließlich in Rom seinen Höhepunkt. So soll Kaiser Nero bei der Totemfeier für seine Gemahlin Poppea mehr Olibanum verbrannt haben, als in ganz Arabien in einem Jahr produziert wurde.

Die Pflanzen
Der Quittenbaum (Cydonia oblonga) gehört zur Familie der Rosengewächse (Rosaceae) und ist ursprünglich in Persien und Zentralasien beheimatet. Der eher kleine Baum hat elliptische, graufilzig behaarte Blätter. Die einzeln stehenden, großen Blüten sind rosa bis weiß. Die gelben, birnen- oder apfelähnlichen Früchte zeichnen sich durch eine filzige Behaarung und einen intensiv aromatischen Duft aus. Das Fruchtfleisch ist beinahe holzig und nur gekocht genießbar. Verarbeitet zu Marmelade, Quittenbrot oder Desserts ist es eine besondere Spezialität.

Der Stern-von-Bethlehem oder auch Milchstern (Ornithogalum umbellatum) gehört zur Familie der Liliengewächse (Liliaceae) und ist eine in Europa und Kleinasien vorkommende Frühlingsblume. Sie wird nur 10–20 cm hoch und hat schmale, weiß gestreifte Blätter. Die Blüten stehen doldig an einzelnen Stängeln und sind innen milchweiß und außen grün. Sie öffnen sich erst am späten Morgen und schließen wieder am Abend. Daher wird der Milchstern in Frankreich »dame des onze heures« genannt.

Die Lichtnelken (Lychnis) sind eine Gattung der Familie der Nelkengewächse (Caryophyllaceae). Dabei gilt besonders die in Griechenland und Südosteuropa wild wachsende Kranz-Lichtnelke (Lychnis coronaria) als Attribut der Aphrodite. Sie zeichnet sich durch ihre großen, purpurroten Blüten aus, die einzeln an den Spitzen des Stängels oder der Zweige stehen. Verwandte Arten sind die in Mitteleuropa häufige rosa blühende Kuckuckslichtnelke (Lychnis flos cuculi) und die weiß blühende Jupiterblume (Lychnis flos jovis).

Das Seifenkraut (Saponaria officinalis) gehört ebenfalls zur Familie der Nelkengewächse (Caryophyllaceae). Die

Rote Lichtnelke

Staude kommt in Ost-, Süd- und Mitteleuropa sowie in Westasien in Flussauen und an Wegrändern vor. An 30–70 cm hohen flaumig behaarten Stängeln wachsen lanzettförmige dunkelgrüne Blätter. Die Blüten sind weiß bis rosa in rispenartigen Blütenständen. Seifenkraut enthält reichlich Saponine, die Schaum erzeugen, was zu der Namensgebung führte. Die Pflanze ist ein altes Heilkraut, das bei Husten, Leber- und Atembeschwerden verwendet wurde.

Der Weihrauchbaum (Boswellia) ist eine Gattung aus der Familie der Balsambaumgewächse (Burseraceae). Das Verbreitungsgebiet dieser Bäume ist hauptsächlich in Somalia, Äthiopien und Arabien. Das Balsamharz der Bäume Boswellia carteri, Boswellia papyriferia und Boswellia bhau-dajiana bezeichnet man als Weihrauch (Olibanum). Es quillt als dicke, weiße, gummiartige Flüssigkeit nach Anritzen aus dem Stamm dieser Pflanzen. An der Luft verhärtet die Flüssigkeit schnell zu blassgelben, amorphen Körnern. Seit dem Altertum wird Olibanum als sehr aromatischer Duftspender in religiösen Zeremonien verbrannt. Im alten Ägypten wurde Weihrauchharz auch zum Einbalsamieren von Leichen verwandt.

Rose: siehe 11; Myrte: siehe 20; Minze: siehe 10; Myrrhen-Baum: siehe 24; Mastix-Strauch: siehe 5

Quellen: 4, 18, 22, 28, 34

Namen der Nymphen und ihre Pflanzen

Name der Nymphe/ Göttin/Amazone	Pflanze Deutscher Name	Pflanze Lateinischer Name
Aëones 35	Weihrauchbaum Myrrhen-Baum Mastix-Strauch	Boswellia carteri Commiphora abyssinica Pistacia lentiscus
Aglaia 16	Lilie Myrte	Lilium candidum Myrtus communis
Aigeiros 21	Pappel	Populus ssp.
Aigle 25	Apfelbaum	Malus communis
Aix 22	Schwarzpappel	Populus nigra
Akantha 15	Akanthus	Acanthus mollis
Ampelos 21	Weinrebe	Vitis vinifera
Anemone 12	Anemone	Anemone ssp.
Aphrodite 11, 20, 24, 30, 35	Rose Myrte Quitte Seifenkraut Stern-von-Bethlehem Lichtnelke Wasserminze Weihrauchbaum Myrrhen-Baum Mastix-Strauch Oregano Granatapfelbaum	Rosa ssp. Myrtus communis Cydonia oblonga Saponaria officinalis Ornithogalum umbellatum Lychnis coronaria Mentha aquatica Boswellia carteri Commiphora abyssinica Pistacia lentiscus Origanum vulgare Punica granata
Aria 15	Korkeiche	Quercus suber
Artemis 4	Nelke Wermut Beifuß Kreta Oregano	Dianthus ssp. Arthemisia absinthium Arthemisia vulgaris Origanum heracleoticum

Asteria 18	Aster	Aster ssp.
Astris 22	Schwarzpappel	Populus nigra
Athene 20, 30, 31, 35	Olivenbaum	Olea europaea
Balanos 21	Eiche	Quercus ssp.
Belides 18	Gänseblümchen	Bellis perennis
Chloris 11, 12	Rose	Rosa ssp.
Chrysopelia 21	Eiche	Quercus ssp.
Daphne 13	Lorbeer	Laurus nobilis
Demeter 21, 29, 34	Weizen Mohn	Triticum ssp. Papaver ssp.
Diktynna 5	Mastix-Strauch Kreta Oregano	Pistacia lentiscus Origanum heracleoticum
Dryope 15	Pappel	Populus ssp.
Elektra 2	Eiche	Quercus ssp.
Elichryse 5	Strohblume	Helichrysum ssp.
Ephydatia 6	Frauenhaar-Farn	Adiatum capillus veneris
Eritheia 25	Apfelbaum	Malus communis
Euphrosyne 16	Hyazinthe Tulpe Rose Myrte	Hyacinthus ssp. Tulipa ssp. Rosa ssp. Myrtus communis
Gaia 1, 25	Levkoje Apfelbaum Narzisse	Matthiola ssp. Malus communis Narcissus ssp.
Helike/Kallisto 32	Weidenbaum	Salix ssp.
Helena 30	Alant	Inula helenium
Hera 1, 3, 25, 26, 30, 32	Lilie	Lilium candidum
Hesperia 25	Apfelbaum	Malus communis
Hyaden 3	Wein	Vitis vinifera
Hypsipyle 33	Petersilie	Petroselenium hortense
Io 1	Levkoje Veilchen	Matthiola ssp. Viola ssp.
Iodame 21	Eiche	Quercus ssp.
Karya 21	Walnussbaum	Juglans regia

Kissos 27	Efeu	Hedera helix
Klythie 14	Sonnenröschen	Helianthemum ssp.
Kraneia 21	Kornelkirsche	Cornus mas
Lampetia 22	Schwarzpappel	Populus nigra
Leuke 23	Silberpappel	Populus alba
Leukothea 14	Rosmarin	Rosmarinus officinalis
Lotis 15	Lotus-Pflaume	Diospyros lotus
Maia 1	Eiche	Quercus ssp.
Minthe 10	Minze	Mentha ssp.
Morea 21	Maulbeerbaum	Morus ssp.
Myriki 13	Tamariske	Tamarix ssp.
Myrrha 24	Myrrhen-Baum	Commiphora abyssinica
Myrsine 20	Myrte	Myrtus communis
Nana 28	Granatapfelbaum Mandelbaum	Punica granatum Prunus communis
Oinone 30	Herbst-Adonis	Adonis autumnalis
Persephone/Kore 10, 24, 34	Narzisse Hyazinthe Petersilie	Narzissus ssp. Hyazinthus ssp. Petroselinum hortense
Phaëtusa 22	Schwarzpappel	Populus nigra
Philyra 26	Linde	Tilia ssp.
Pomona 19	Obstbäume	
Ptelea 21	Ulme	Ulmus ssp.
Sagaritis 28	Eiche	Quercus ssp.
Smilax 8	Stechwinde	Smilax aspera
Staphyle 3	Wein	Vitis vinifera
Syke 21	Feigenbaum	Ficus carica
Syrinx 4	Schilf	Phragmites communis
Taygete 2	Eiche	Quercus ssp.
Thalia 16	Veilchen Tulpe Rose Myrte	Viola ssp. Tulipa ssp. Rosa ssp. Myrtus communis

Literaturhinweise/Quellen

1. Ackerman, Diane: A Natural History of the Senses, New York 1990
2. Ackerman, Diane: Die Seele meines Garten, Hamburg 2002
3. Alladice, Pamela: Aphrodisiacs and Love Magic, Bridport 1989
4. Beuchert, Marianne: Symbolik der Pflanzen, Frankfurt a. M. 1995
5. Baumann, Helmut: Die griechische Pflanzenwelt, München 1965
6. Bollan, Michael: Botanik der Begierde, München 2001
7. Browning, Frank: Apples, New York 1998
8. Bremness, Lesley: Das große Buch der Kräuter, Aarau 1988
9. Brosse, Jacque: Mythologie der Bäume, Düsseldorf 1990
10. Caldecott, Moyra: Mythen vom heiligen Baum, Saarbrücken 2001
11. Cornelius, Geoffrey: Was Sternbilder erzählen, Stuttgart 1997
12. Dierbach, Johann Heinrich: Flora Mythologica, Frankfurt a. M. 1833
13. Engel, Fritz-Martin: Zauberpflanzen Pflanzenzauber, Hannover 1978
14. Faure, Paul: Magie der Düfte, München 1993
15. Frazer, James George: The Golden Bough, London 1922
16. Friedreich, Johann Baptista: Symbolik und Mythologie der Natur, Würzburg 1859
17. Gallwitz, Ester: Ein wunderbarer Garten, Frankfurt a. M. 1996
18. Grigson, Geoffrey: Aphrodite – Göttin der Liebe, Bergisch Gladbach 1978
19. Hageneder, Fred: Geist der Bäume, Saarbrücken 2003
20. Harrison, Robert Pogue: Wälder, München 1992

21 Hausmann, Helga und Ulrich: Griechische Blumen, Tübingen 1984
22 Heilmeyer, Marina: Die Sprache der Blumen, München 2000
23 Herbig, Reinhard: Der griechische Bocksgott – Versuch einer Monographie, Frankfurt a. M. 1949
24 Herder, Johann Gottfried: Werke, Berlin 1969
25 Lange, Justus: Ein Pan für jede Tonart, in: Pan und Syrinx, Staatliche Museen Kassel (Hrsg.), Kassel 2004
26 Lehane, Brendan: Macht und Geheimnis der Pflanzen, München 1978
27 Lenz, Harald Othmar: Botanik der alten Griechen und Römer, 1859; Nachdr. Wiesbaden 1966
28 Lexikon-Institut Bertelsmann: Das große illustrierte Pflanzenbuch, Gütersloh 1966
29 Ovid: Metamorphosen, übers. von Erich Rösch, 14. Aufl. Zürich/Düsseldorf 1996
30 Parada, Carlos: Genealogical Guide to Greek Mythology, Philadelphia 1993
31 Rätsch, Christian: Heilkräuter der Antike, München 1995
32 Ranke-Graves, Robert von: Die Götter Griechenlands, Reinbek 1981
33 Scherf, Gertrud: Zauberpflanzen Hexenkräuter, München 2002
34 Scherf, Gertrud: Pflanzengeheimnisse aus alter Zeit, München 2004
35 Scoble, Gretchen/Field, Ann: The Meaning of Herbs, San Francisco 2001
36 Smith, William: Dictionary of Greek and Roman Biography and Mythology, London 1902
37 Strantz, Minna von: Die Blumen in Sage und Geschichte, Berlin 1875
38 Vandenberg, Philipp, Das Geheimnis der Orakel, München 1979
39 Ziegler, Konrad/Sontheimer, Walther (Hrsg.): Der kleine Pauly, München 1979

In jeweils sieben Miniaturen erzählt Holger Lundt Weltgeschichte auf völlig neue Weise, indem er die Liebe der historisch Großen zu den meist kleinen, scheinbar unbedeutenden Gebilden der Pflanzenwelt in Beziehung setzt.

Die Tulpen des Suleiman
110 Seiten. ISBN 978-3-538-07279-4

Die Rosen der Kleopatra
120 Seiten. ISBN 978-3-538-07266-4

www.artemisundwinkler.de